ヤマケイ文庫

岐阜県警レスキュー最前線

岐阜県警察山岳警備隊・編

Yamakei Library

岐阜県警レスキュー最前線　目次

＊本書は二〇一五年八月発行の『岐阜県警レスキュー最前線』（山と溪谷社刊）を文庫化したものです。
＊また所属は、単行本発表当時のままにしてあります。

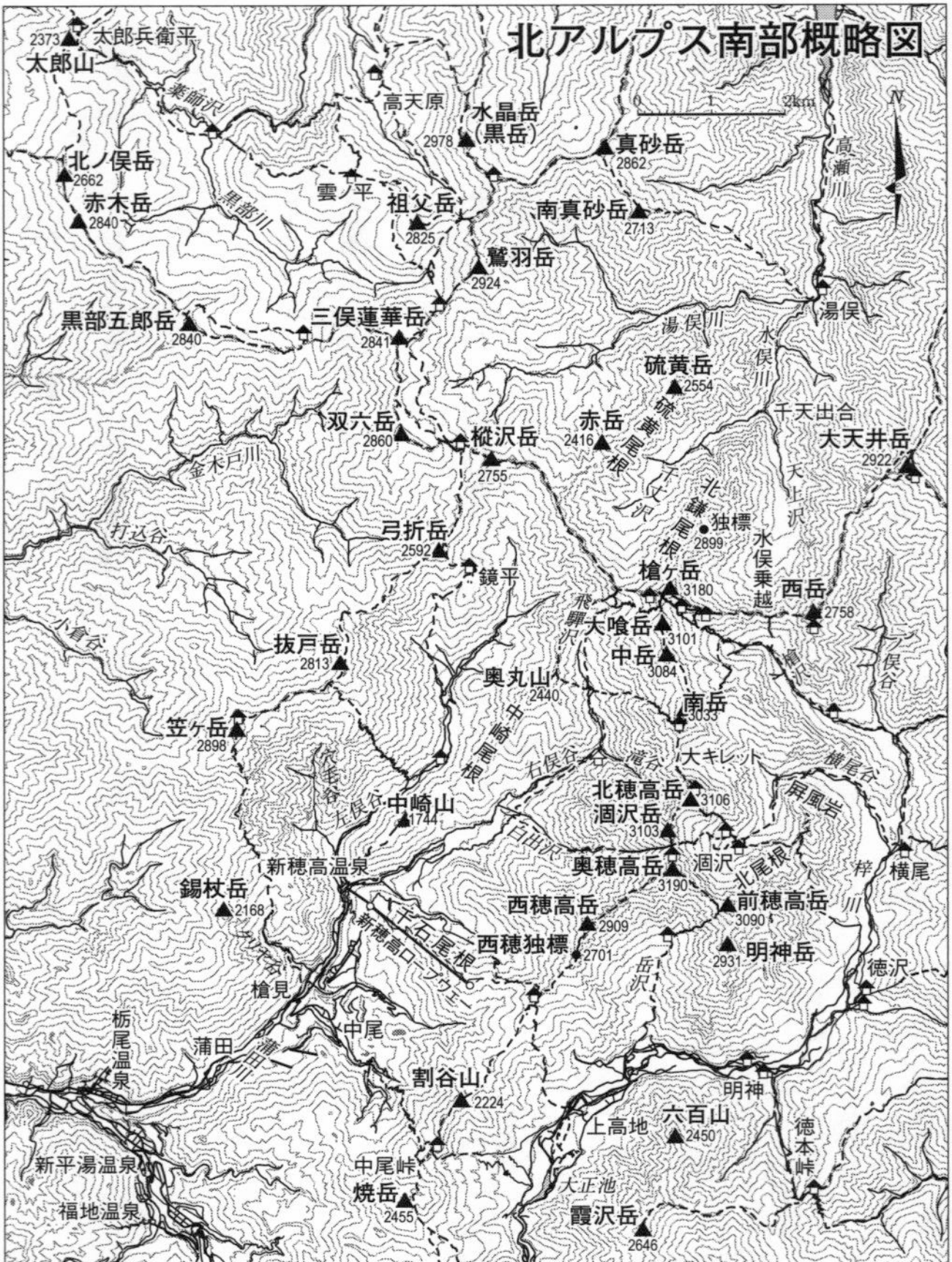
北アルプス南部概略図
0 1 2km
N
太郎山
2373
太郎兵衛平
薬師沢
高天原
水晶岳
(黒岳)
2978
真砂岳
2862
北ノ俣岳
2662
雲ノ平
祖父岳
2825
赤木岳
2840
黒部川
南真砂岳
2713
高瀬川
鷲羽岳
2924
黒部五郎岳
2840
三俣蓮華岳
2841
湯俣
湯俣川
水俣川
硫黄岳
2554
硫黄尾根
千天出合
双六岳
2860
縦沢岳
2755
赤岳
2416
大天井岳
2922
金木戸川
千丈沢
北鎌尾根
独標
2899
天上沢
水俣乗越
打込谷
弓折岳
2592
鏡平
槍ヶ岳
3180
西岳
2758
飛騨沢
大喰岳
3101
小倉谷
抜戸岳
2813
中岳
3084
奥丸山
2440
南岳
3033
笠ヶ岳
2898
中崎尾根
右俣谷
滝谷
大キレット
横尾谷
穴毛谷
北穂高岳
3106
屏風岩
左俣谷
中崎山
1744
涸沢岳
3103
白出沢
奥穂高岳
3190
涸沢
北尾根
新穂高温泉
横尾
梓川
錫杖岳
2168
西穂高岳
2909
前穂高岳
3090
千石尾根
新穂高ロープウェイ
西穂独標
2701
明神岳
2931
岳沢
徳沢
槍見
栃尾温泉
中尾
蒲田
蒲田川
割谷山
2224
明神
上高地
六百山
2450
徳本峠
新平湯温泉
中尾峠
焼岳
2455
大正池
福地温泉
霞沢岳
2646

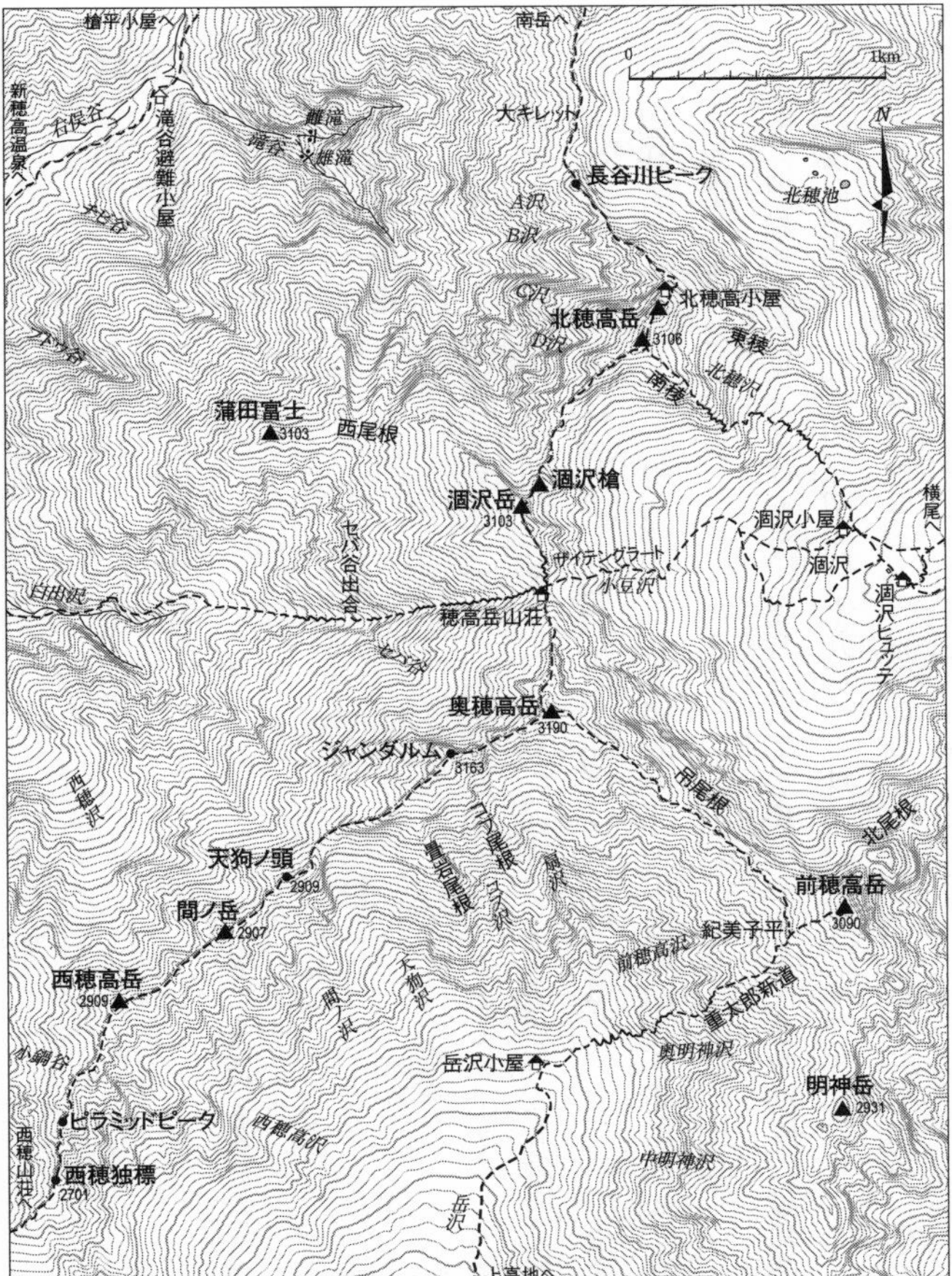
槍平小屋へ
南岳へ
新穂高温泉へ
0
1km
N
大キレット
長谷川ピーク
北穂池
滝谷避難小屋
雌滝
雄滝
A沢
B沢
C沢
D沢
北穂高小屋
北穂高岳
3106
東稜
南稜
北穂沢
蒲田富士
3103
西尾根
涸沢槍
涸沢岳
3103
横尾へ
涸沢小屋
涸沢
涸沢ヒュッテ
ザイテングラート
小豆沢
穂高岳山荘
白出沢
奥穂高岳
3190
ジャンダルム
3163
吊尾根
北尾根
西穂沢
天狗ノ頭
2909
畳岩尾根
間ノ岳
2907
前穂高岳
3090
紀美子平
前穂高沢
西穂高岳
2909
天狗沢
間ノ沢
重太郎新道
奥明神沢
岳沢小屋
小鍋谷
明神岳
2931
ピラミッドピーク
西穂高沢
西穂山荘へ
西穂独標
2701
中明神沢
岳沢
上高地へ

はじめに
山岳警備隊員としての四十年

谷口光洋（飛騨方面隊隊長）

山岳警備隊の変遷

昭和三十年代の登山ブームのころから、槍・穂高連峰を中心とした北アルプスの岐阜県側にも大勢の登山者が訪れるようになり、それに伴って遭難事故も急増した。これに対応するため、県は一九五九（昭和三十四）年、「岐阜県北アルプス山岳遭難対策協議会」を設立し、その一機関として民間の北飛山岳救助隊を発足させ、遭難事故に対応していた。

しかし、遭難事故は増えるばかり。警察としても民間の北飛山岳救助隊だけに頼るわけにはいかず、一九六四（昭和三十九）年七月、当時北アルプスを管轄していた神岡警察署を中心に、飛騨地区の五警察署に勤務する若手警察官二十四名によって、山岳警備隊の前身である「山岳機動隊」が結成されたのである。

結成当時の山岳機動隊は、まだまだ実力が伴わず、もっぱら北飛山岳救助隊の救助をサポートする立場であった。しかし、山岳ガイドや猟師など、山に精通していた救助隊員からの熱心な指導に加え、岐阜県山岳連盟の講習や国立登山研修所の研修などを重ねて少しずつ実力を上げていき、昭和四十年代後半には山岳警備隊が中心となって救助を行なえるまでに成長した。昭和五十年代になると、岩登りに長《た》けた隊員の入隊により、厳しい現場にも対応できるようになってきた。また、遭難事故は年々増加傾向にあったため、隊員も何度か増員され、マンパワーも徐々に充実していった。

二〇〇七（平成十七）年には、市町村合併により北アルプスを管轄していた上宝村が高山市と合併するとともに、警察署の統廃合で山岳警備隊飛騨方面隊の主力は高山警察署に移り、現在は高山警察署、飛騨警察署、下呂警察署の三署に所属する三十一名が隊員に任命されている。

私は一九七六（昭和五十一）年に山岳警備隊に入隊し、現在、隊員生活四十年目を迎えている。入隊当時と今を比べてみると、装備、救助方法、体制などに格段の違いがあることを痛感する。ここでは、昔を振り返りながら、心に残っている現在までの事案をいくつか書きとめてみた。

入隊当時の遭難救助

一九七六年三月二十七日に神岡警察署に赴任し、四月一日付で岐阜県警察山岳警備隊員を命ぜられた私の初出動は、四月中旬であった。四月三日に西穂高岳の独標から転落し、行方不明になっていた男性が小鍋谷上部で遺体で発見されたことから、八名の隊員がザイルやスノーボートなどを持って出動。そのなかのひとりが私だった。

独標付近の稜線から五〇〇メートル下の発見現場まで急斜面の雪渓を下っていく途中、私より半年だけ先輩の隊員が、「雪渓が急すぎて下れない」とのことで、ひとり西穂山荘へ引き返していったのだが、そのときに内心少しほっとしたことを覚えている。

三十分ほど下っていくと、顔が黒く焼けて死臭の漂う遺体があった。全員で手を合わせ、素早く梱包し、スノーボートに載せて小鍋谷沿いに運ぶことになった。

現場を出発したのが昼過ぎ。ところが、人数が少なかったせいかどうか記憶がはっきりしないが、夕方になっても下山場所までの半分ぐらいしか進んでいなかった。暗くなる前に、立ったまま非常食を分け合って食べ、ヘッドランプを装着して再び行動を開始。その後も、休憩すると体が冷えるからと、ほとんど休まずに搬送を続けた。気がつけばいつの間にか日付が変わっており、夜半からは小雨も降ってきた。シラビソ林に入ると雪が少なくなり、土や石の地面となったが、その上でも無理矢理スノーボートを引っ張った。

遭難救助の厳しさについては先輩隊員たちから聞いてはいたが、いきなり急斜面の雪渓を下降させられ、腰を据えて休むこともなく、非常食だけで夜通し活動することになるとは思ってもいなかった。好きで入隊したとはいえ、改めて大変な仕事であることを実感した。

明るくなったころに五、六名の応援隊員が駆けつけてきてくれて、朝八時ごろ、ようやく新穂高のロープウェー駅にたどり着いた。そこには、夜間行動を心配した署員や関係者がわれわれの到着を待っていてくれた。そのなかから、遭難者の父親を名乗る男性が走り寄ってきてスノーボートの遺体に触れ、声を上げて泣きはじめた。しばらく泣いたのち、彼は意を決したように顔を上げ、涙も拭かずに私たちに向かって頭を下げた。

「ひと晩中かかって運んでいただいて、ほんとうにありがとうございました。お陰さまで息子に会うことができました」

このときの父親の無念の涙と、それを拭うことなくわれわれに向けて発した感謝の言葉により、私の疲れは一瞬にして吹き飛んだ。

「山岳遭難救助というのは人に感謝される仕事なんだ。この仕事を続けていきたい」

そう思うことができた初出動であった。

それから間もない五月の上旬に、二度目の出動があった。この年のゴールデンウィークは、穂高連峰一帯で記録的な大量遭難が起きた。発生件数十一件、死者も十一名。そのほとんどが、寒気で稜線一帯がカチカチのアイスバーンになったことによる滑落遭難であった。神岡警察署には連日、遭難者の家族や山岳会の仲間、報道関係者らが入りきれないほど押し寄せていた。

その日の早朝、われわれは「白出沢に三名の遺体がある」という届出を受け、警備隊と救助隊合わせて二十名ほどの隊員がスノーボート三台を持って新穂高から現場へと向かった。

昼前に白出沢上部のセバ谷に着くと、近い位置に三名の遺体が横たわっていた。三名とも頭部をやられるなどして、ほぼ即死したもようであった。午後になると気温が上がって雪崩が発生しやすくなるので、三班に分かれて遺体を梱包し、スノーボートに載せて走るように下っていった。皆の手際がよかったことと、先輩隊員から「危険な場所では素早く行動することが安全につながる」と言われたことを覚えている。

この年のゴールデンウィークの穂高一帯での大量遭難をきっかけに、翌年（昭和五十二年）よりゴールデンウィーク期間中の穂高常駐勤務が行なわれるようになった。

穂高常駐

穂高常駐は、遭難が多発する奥穂高岳や滝谷に近い穂高岳山荘の一室を間借りして、山岳警備隊員三、四名が常駐する勤務である。ゴールデンウィークとシルバーウィークのそれぞれ一週間、それに夏山シーズンの約一カ月間は、ここがわれわれの前進基地となる。

われわれ警備隊員にとって、穂高常駐を行なう意義は計り知れないほど大きい。とくに若い隊員にとっては、遭難救助をはじめ山岳パトロールや登山道の整備などの活動を通して、山の地形や気象、救助技術を実践的に学んでいく最高の機会となる。また、山小屋関係者や山岳ガイド、山岳カメラマンらとの交流によって見聞を深められるのも、穂高常駐ならではだ。ときに彼らに遭難救助をサポートしてもらったり、時間があるときにはいっしょに滝谷でロッククライミングをしたりすることもあった。

私は穂高常駐を一〇〇回ほど行なっているが、そこでの体験がその後の活動の基礎となり、自信にもなっている。

殉職事故

われわれが山岳救助活動を行なうにあたっては、忘れてはならない殉職事故がある。

穂高岳山荘をベースに行なわれる穂高常駐の意義は大きい。
春、稜線をパトロールする隊員

一九七七（昭和五十二）年五月四日、北穂高岳滝谷において発生した長瀬初彦警部補の殉職事故である。

前年のゴールデンウィークの大量遭難を受けて、われわれはこの年から穂高での春山常駐を開始した。初めての常駐メンバーは、ベテランの森本靖宏班長以下の四名。当時はヘリコプターもなく、一日かけて徒歩で白出沢を登って入山した。四月下旬の入山以降、何件かの遭難事故が発生し、何人かの遭難者を救助した。

滝谷上部で社会人山岳会のメンバーひとりが死亡したとの届出があったのは五月三日のことである。その日は森本班長と私が北穂高小屋に入って待機していたが、結局、出動命令は出ず、翌四日、穂高岳山荘に帰ってきた。

夕食前に部屋で寛いでいたときだった。無線機から「落ちた」「意識がない」「応援を頼む」という切迫した声が聞こえてきた。遭難事故が発生したことは明らかだったが、当時は無線機の感度が悪く、なかなか詳細がつかめない。四人で無線に聞き耳を立てていると、「長瀬隊員」「ナメリ滝」という言葉が飛び込んできた。まさか警備隊の長瀬隊員が事故に遭ったのだろうか。

すぐに神岡警察署に電話を入れてみたところ、前日の遭難者の遺体収容に、長瀬隊員らが新穂高から入山していたことが判明した。その長瀬隊員が、雪渓で落石を避けようとしたときに、スリップして頭を打ち、意識不明に陥っているという。

「今から山岳警備隊と北飛山岳救助隊を招集して出動させるので、穂高常駐隊員もすぐに現場へ向かってくれ」

その指示を受け、ただちにわれわれ三人も穂高岳山荘を出発した。稜線をたどって涸沢岳を越え、D沢のコルから下降していくのがいちばんの近道である。D沢は、斜度はあるものの雪は柔らかく、アンザイレンすることもなく三十分ほどで現場に到着した。そこでは警備隊員ひとりと、地元山岳会のメンバー七、八人が長瀬隊員をスノーボートに載せていた。

意識のない長瀬隊員に、森本班長らが「おーい長瀬、大丈夫だからな」「すぐに下ろすからがんばれ」などと声をかけるが、返ってくるのは「うーん、うーん」という呻き声と「ガーガー」というイビキのような音だけで、若手の私が見ても重体であることは明らかだった。

スノーボートにセット後、すぐに搬送を開始したが、その後の記憶があまり定かではない。すぐに暗くなってきたのでヘッドランプを装着し、皆で「長瀬がんばれ」「長瀬さん、すぐに着くからな」などと声をかけ、長瀬隊員の意識がもどることを願いながら下山した。

私もザイルで確保したりスノーボートを引いたりしたが、「亡くなってしまうのではないだろうか」と弱気になり、焦るばかりで集中力に欠くような状態であった。最大の難所である雄滝を下ろしているとき、下のほうにいくつかのヘッドランプが見え出し、間もなくして応援隊の先行隊員が到着した。

「皆、すぐそこまで来ている。医者もいっしょに来てもらったから大丈夫だ」

「あとは俺たちに任せてくれ」

このときは、仲間のありがたさに涙が出るほどであった。

その後も続々と隊員が到着した。二十人ぐらいは来てくれただろうか。皆が長瀬隊員に声をかけるが、意識はもどらない。やがて医者も到着してその場で治療をしてくれたが、容体は変わらない。

時間は覚えていないが、夜が明ける前にようやく下まで下ろし、救急車に引き継ぐことができた。

それからしばらくして、長瀬隊員が病院で家族に見守られながら息を引き取ったことを聞き、隊員全員で泣いた。

遭難事故や殉職事案は、本人はもちろん、残された家族や友人、職場の同僚たちの生活を一瞬にして変えてしまう。山ではいつ誰が遭難するかわからない。とくに厳しい現場で危険な仕事をしているわれわれは、絶対に二重遭難を起こしてはいけないということを常に肝に銘じていなければならない。

ヘリコプターの時代

昭和四十年代の遭難救助にヘリコプターが使われたことはほとんどない。救助といえば、夏だったらケガ人や死者を背負い、冬ならスノーボートなどで搬送するのが一般的だった。これらの方法は遭難者にも隊員にも負担が大きく、時間もかかることから、搬送中に遭難者が亡くなってしまうことも少なくなかった。

昭和五十年代に入ると、当時、飛騨側の山小屋の物資を荷上げしていた民間ヘリコプター会社の東邦航空や中日本航空、朝日航洋に、ケガ人の収容を依頼するようになった。遭難者を山小屋のヘリポートまで運んでくれれば、これらの民間ヘリが山麓へ搬送してくれたのだ。こうしたケースは、最初は年間三、四回だったが、昭和五十年代中ごろには年七、八回となり、以降も徐々に増えていった。

民間ヘリコプター会社のなかでも、とくにヘリ・レスキューに力を注いでいたのが、穂高一帯で荷上げを行なっていた東邦航空である。同社松本営業所の篠原秋彦所長がヘリ・レスキューのノウハウを構築し、やがて遭難現場への隊員の送り込みや、現場からの遭難者の直接収容が可能になっていく。私も篠原所長と二人で多くの現場へ行ったものだった。

一九八四（昭和五十九）年には岐阜県警察航空隊が発足し、ヘリコプターの運用が始まった。ヘリコプターは、アメリカ製五人乗りの、ベル二〇六B型（愛称「らいちょう号」）という機体。小型のヘリを標高の高い場所で運用するという悪条件のなかで、中島健二郎パイロット以下クルーが厳しい訓練を重ねていき、やがて関係者から「三〇〇〇メートルの穂高の稜線で、小さなヘリがすばらしい活躍をしている」と賞賛されるまでになっていく。

このころの民間ヘリと警察ヘリの使用頻度の割合は、だいたい半々であった。周知のとおり、民間ヘリを利用した場合は高額な費用が受益者負担となるが、警察ヘリは原則的に無料である。どちらのヘリを要請するかは、緊急性（生命の危険度な

遭難救助に、ヘリコプターの機動力がいかんなく発揮された

ど）や天候の見通し、ヘリの到着予定時間、遭難者の家族の了解の有無などを考慮して判断するが、現場の隊員にとっては、それが悩みの種であった。

実際、瀕死の遭難者がいて、警察ヘリは天候不良で飛べず、付近を民間ヘリが飛んでいるのだが、家族との連絡がとれるまで待機していなければならず（有料となる民間ヘリでの救助を行なうには、家族の了解を得る必要がある）、その間に天候が悪化して救助できなかったことも何度かあった。

こうした現場の苦労を見かね、穂高岳山荘の今田英雄オーナーが自費をはたいて設立したのが「ヘリ基金」である。これは、緊急時に現場の山岳警備隊の判断で民間ヘリに出動を要請できるようにするためのもので、万が一、遭難者が救助費用を払えない場合は、ヘリ基金から救助費用が補填されることになる。

この基金のおかげで隊員の活動は非常にスムーズになり、迅速な救助によって命を助けられた遭難者も多い。ちなみにほとんどの遭難者は、後日きちっと救助費用を支払ってくれた。ただ一度だけ、外国人パーティが遭難したときに、外国為替相場の関係で金額が膨らんで「とても払えない」ということになり、基金から支払われたことがあった。

一九九七（平成九）年、岐阜県警察航空隊は、岐阜県消防防災課との共用で中型ヘリコプター、ベル四一二型（愛称「若鮎Ⅱ号」）を導入した。このヘリの定員は十五名で非常にパワーがあり、大量遭難のときなどに一度に多くの人員を運ぶことができる、山岳遭難には適したヘリコプターであった。また、これまでの小型のヘリでは、滝谷D沢右俣やジャンダルムのセバ谷下部など、三方向が岩壁で囲まれた厳しい場所での救助はできなかったが、「若鮎Ⅱ号」で七〇メートルのホイストをフルに使えば、吊り上げもできるようになった。

さらに二〇〇五（平成十七）年には、「らいちょうⅠ号」の後継機としてベル四一二型（「らいちょうⅡ号」）が導入され、「若鮎Ⅱ号」とで中型機二機体制が整った。

ところが、二〇〇九（平成二十一）年九月十一日、ジャンダルムにおいて遭難救助中の「若鮎Ⅱ号」が墜落し、パイロット以下三名が死亡するという大惨事が発生してしまった。

このとき、県警航空隊のパイロットは出張中で出動できなかったため、県防災のパイロットが出動していた。現場で遭難者を吊り上げようとしたときに、ローター

（翼）が岩壁に接触したのが事故の原因であった。

当日、山岳警備隊は定例訓練を行なっており、下山後の電話でヘリ墜落を知った。すぐに鍋平ヘリポートから「らいちょうII号」で現場へ向かうと、ヘリはまだ炎上中で、現場から二〇〇メートルほど上部の岩棚にホイスト下降して救助活動を開始した。

谷沿いにはヘリのローターやドア、積載された荷物などが散乱しており、少し上がったところで搭乗していた三名を発見したが、残念ながらすでに亡くなっていた。なんとか夕方までに三人を収容し、その日のうちに家族のもとへ帰すことができた。口には出さないものの、山岳警備隊員は誰もが「乗っていたのは自分だったかもしれない」と思ったはずで、航空機事故の恐ろしさが身にしみた痛恨の事故になってしまった。

その後、二〇一一（平成二十三）年三月に「若鮎II号」と同機種の「若鮎III号」が導入され、現在まで「らいちょうII号」との中型機二機体制で山岳遭難事故に対応している。

なお、現在は民間ヘリによる山岳遭難救助はほとんど行なわれていない。

雪崩事故

二〇〇〇（平成十二）年三月二十七日、笠ヶ岳直下の穴毛谷で日本最大級といわれる表層雪崩が発生した。雪崩は標高二七〇〇メートルの稜線から標高一二〇〇メートルあたりまで流下しており、距離約四キロ、幅一五〇メートル、雪の推定量一六〇万立方メートルと、日本では観測史上最大規模のものであった。雪崩の発生時、付近の新穂高地区では、ドンという大きな音とともに小雪が舞ったそうだ。

この雪崩により、穴毛谷の入口付近で働いていた建設作業員二名が行方不明になった。通報を受けて現場に駆けつけてみると、穴毛谷上部の稜線から左俣谷までの全長にわたり、幅一五〇メートルの雪崩の跡が残っていた。その左右五〇メートルほどのところに生えていた樹木は、すべて風圧でなぎ倒されており、現場にあったブルドーザーは五〇〇メートル以上も押し流されていた。

行方不明者二名の捜索にあたっては、「大きな雪崩のあとには雪崩は出ない」という人がいたことと、双眼鏡で観察したところ、稜線に雪庇や亀裂が見えなかったことから、警察、消防、建設業関係者ら約一〇〇名が現場に投入されることになった。

とはいえ、範囲が広すぎてどこから手をつけたらいいのかわからず、とりあえず上流に見張りを立てて、最下部まで押し流されたブルドーザーの位置から上流に向かい、横一列になってゾンデ代わりに鉄の棒を雪に刺しながら捜索していった。しかし、雪が硬いうえに雪の量もあまりに多く、まったく手に負えなかったため、翌日からは重機を使っての捜索が検討されはじめていた。そこへ、行方不明者の奥さんが、「このへんに埋まっている気がするので、掘ってもらえませんか」と言ってきた。そこは、行方不明者らが作業をしていた場所からほど近い堰堤のあたりだった。

奥さんの頼みということで断るわけにもいかず、バックホー（重機）を使って深さ七メートル近い雪を二時間ほどかけて掘ったところ、なんと二名のうちのひとりが発見された。さらに三十分後にはその近くでもうひとりも発見され、早い段階で家族のもとへ帰すことができた。

われわれとしては、奥さんがそれで納得してくれるのならと思って掘ったわけであり、まさかこの広大な雪崩の跡のなかからそう簡単に発見できるとは思ってもおらず、奥さんの直観力、というか夫婦の絆の強さに驚かされた。もしあれが私だったら、すぐに見つけてもらえただろうか。

いずれにしても雪崩による行方不明者の捜索は大変危険な作業であり、その規模が大きければ大きいほど、早い段階で埋没者が発見されることは稀である。

ちなみに岐阜県側の北アルプスでは、二〇〇六（平成十八）年四月、やはり穴毛谷において登山者（山スキーヤー）四名が雪崩に巻き込まれ、全員が死亡。翌年、大晦日には槍平でも雪崩が発生し、テントの中で就寝していた二パーティ計四名が命を落としている。

これからの山岳遭難救助活動

二〇一四（平成二十六）年、岐阜県下における山岳遭難の発生件数が初めて一〇〇件を超えた。岐阜県は遭難事故を一件でも減らすために条例を制定し、同年十二月一日から北アルプス等へ入山する登山者に対して、登山届の提出を義務づけるようになった。

登山届を作成することは、コースやエスケープルートを再確認し、装備や食料を見直すことにつながるので、リスクの軽減に役立つ。万一、事故が起きた場合には、われわれの立ち上がりが早くなることも間違いない。過去の遭難事故のなかには、登山届を出してくれていたなら、早く発見・救助できて命が助かったと思われる事案も少なくない。われわれのためではなく、登山者自身のための登山届なので、必ず提出していただきたい。

また、同年九月二十七日には御嶽山が噴火し、多くの方が亡くなられ、未だ行方不明の方もいる。実際に現場を見て、大自然の前では人間の力がいかに小さなものであるかを実感させられた。高山警察署管轄内には、御嶽山のほかに焼岳、乗鞍岳、アカンダナ山、白山と五つの火山があり、われわれにとって火山対策は大きな課題となっている。

今、山岳遭難救助はヘリコプターが中心となっているとはいえ、山岳警備隊員には体力、気力、岩登りや冬山を含めた全般的な技術が必要不可欠であり、これらは厳しい訓練を重ねなければ身につくものではない。その隊員を支えているのは、山で助けを求めている人の役に立ちたいという使命感であり、この仕事は自分たちにしかできないという誇りであり、厳しい救助活動を終えたときの達成感である。

登山者の皆さんには、そのことを忘れないでいただきたい。

第1章　穂高常駐

山岳遭難救助の要、穂高常駐

陶山慎二朗——高山警察署上宝駐在所　一九七五年、大阪府出身

穂高岳常駐勤務とは

岐阜県警察山岳警備隊では、登山者が多くなるおおむね五月のゴールデンウィーク前後を春山警備、七月の海の日からお盆後までの約一カ月間を夏山警備、シルバーウィークや体育の日の連休前後を秋山警備、そして十二月の仕事納めから一月の仕事初めまでの年末年始を冬山警備として、山岳遭難事故に備えた特別体制をとっている。

そのなかで冬以外の春・夏・秋の警備期間中は、標高三〇〇〇メートルの奥穂高岳直下、白出のコルに鎮座する穂高岳山荘を拠点として警備活動を行なっている。これが穂高岳常駐勤務である。

われわれが「穂高常駐」と呼ぶこの勤務に就けるのは、山岳警備隊員のなかでも

選ばれた者たちだけだ。というのも、そこは切り立った険しい岩場に囲まれた、標高三〇〇〇メートルの厳しい世界。活動には危険と困難がついてまわり、誰でも務まるものではないからだ。

夏山常駐は三人一組が基本で、五～七日ぐらいのローテーションを組んで交代で行ない、期間中に二、三回入山することになる。春と秋は五、六人で入ることが多い。

山が好きで大学時代にはワンダーフォーゲル部に所属していた私は、山岳警備隊員になりたくて警察官を志願し、幸い希望が叶って警備隊員になることができた。そんな私にとって穂高常駐は、一週間ずっと山のなかで過ごせるというだけで憧れの勤務であり、初めて穂高常駐の勤務に指名されたときの嬉しさは格別であった。

しかし、そのときの私はレスキューのレの字も知らない新米であり、その勤務の厳しさを知らないがゆえの、ぬか喜びであった。

初めての穂高常駐のときは、谷口係長と清水係長の三人で行なった。まだ登山者が少ないいちばん最初のローテーションで入山したので、遭難事故もなく、ほっとして下山した覚えがある。このときは、山の地理を覚えるために、谷口係長にパトロールでいろいろなところに連れていってもらった。また、登山者や山小屋のスタッフ、隣県の長野県警察山岳遭難救助隊や遭難対策協議会の救助隊員などとの交流も刺激的であった。

その後、現場に出動する機会が徐々に増えていくわけであるが、日本屈指の険しい山岳地帯を管轄としているだけに（基本的にジャンダルムから北穂高岳の間）、発生する遭難事故は重大事故になる場合が多い。それゆえ救助活動もひとつ間違えると、二重遭難につながりかねない。

今では班長という立場で穂高常駐に就いており、心配性の私にとって気が休まらない勤務となっている。万一、遭難事故が起きたときには、天候や現場の状況によって対処の仕方は異なってくるので、常に考え、気を配っていなければならない。天候がよく、ヘリが飛べる状況であれば、だいたいわれわれ警備隊員だけで対処できるが、厳しい現場で人数が必要な事案の場合は、穂高岳山荘の宮田八郎さんや中林裕二さんに同行してもらうことになる。常駐期間中だけ山に入るわれわれとは違って、彼らはずっとそこで生活しているだけに、情報量が全然違う。そういう意味ではとても頼りになる存在である。

リスク管理について

われわれの任務においては、「迅速かつ安全な救助」というフレーズがよく使われる。少しでも早く遭難者を救助することができれば、それだけ負担は少なくてすむし、命が助かる確率も高くなり、また社会復帰を果たすまでの時間も短縮させられる。

しかし、救助に速さだけを求めていては、安全性が低下してしまう。かといって必要以上の安全確保は、救助の遅れにつながることになる。その妥協点をどこに見い出すか。言い換えれば、いかにリスク管理を行なうかが鍵となる。山を知り、現場の場数を踏まなければ、この判断はなかなかできるものではない。

穂高常駐のときは、基本的に三～五人の隊員が穂高岳山荘に常駐する。遭難事故発生の際には、隊員の技量や性格、体調などを把握し、現場や遭難者の状況、天候、航空隊やサポート隊員の動きなど、あらゆる情報を収集し、ベストな救助方法を選択し実行に移す。重要なのは、その段取りであり、またどれぐらいのリスクを見積もってレスキュープランを立てるかだ。

このプランニングにおいては、経験豊富な先輩隊員のアドバイスに勝るものはない。これまで私は、先輩隊員に追いつこう、足を引っ張らないようにがんばろうと努力して活動してきたつもりだ。それでもまだまだ未熟ではあるが、気がつくと先輩隊員よりも後輩のほうが多くなっていて、いつの間にか先輩隊員の部類になってしまっていた。

とくに穂高常駐の場合、出動していく現場は危険性が高い場所が多く、ミスをすると命取りになりかねない。班長として隊員の安全は絶対であり、一方で遭難者も迅速に救助しなければならない。それをどのようにして両立させていくのか、今まさに研鑽中である。

心がけているのは、「自分の身の丈にあったレスキュー」「かっこつけないレスキュー」「横着はせず、少し遠回りでも安全に」。自分が今よりもさらに成長し、より困難な救助活動も迅速かつ安全にできるよう、技術・体力・知識などの充実を図り続けていきたい。

道迷い遭難

道迷い遭難というと、里山などの低い山で多発している印象を受けるが、北アルプスでも積雪期を中心にぽつぽつと起きている。

道迷い遭難の通報を受理する際には、これまでの経過（時間や通過ポイントなど）と、今現在どのような場所にいて、周りにはなにが見えるかなどを聴取し、現場を絞り込んで捜索・救助活動にあたる。しかし、遭難者の情報を鵜呑みにすることはできない。遭難者が情報を正しく把握していれば、そもそも道に迷わなかったわけであり、通報内容のどこかに必ずと言っていいほど正確ではない情報が入り込んでいる。

二〇一四年の春山常駐中日《なかび》の朝六時過ぎ、長野県警から連絡が飛び込んできた。前日に北穂高岳から穂高岳山荘へ向かった男女の二人パーティが吹雪でホワイトアウトになり、道に迷って現在ビバーク中だという。

「夜が明けてきたら、正面に笠ヶ岳が見えた。自分たちは自力で行動可能であるが、どちらへ向かえばいいかわからない」

とのことである。しかし、北穂高岳から涸沢岳までの間には、岐阜県側に迷い込むような尾根はほとんどない。ほんとうに笠ヶ岳が見えるのであれば、もしかして涸沢岳西尾根にでも迷い込んだのかなと思いつつ、とりあえず涸沢岳まで行ってみることにした。

山荘を出発し、ほどなく涸沢岳山頂に到着すると、目の前の涸沢槍から長野県側へ通じる支稜線で遭難者らしき二人組を発見した。大声を出して確認してみると、やはり通報してきた遭難者であった。

「あんなところから笠ヶ岳が見えるのか。見えるはずないよな」と首をかしげながら、大声で正しいルートを教えると、しばらくして自力で涸沢岳まで登ってきた。そこで改めて話を聞いたところ、昨日は風雪のため行動が遅れ、夕方にはホワイトアウトになって方向感覚がまったくなくなってしまったのだという。今朝になってガスが晴れてみると、ちょうど正面に笠ヶ岳のような山が見えたので、てっきり笠ヶ岳だと思ったそうだ。しかしそれは笠ヶ岳ではなく、常念岳であった。

この時期にこのルートを登りにくるということは、それなりの技量は持っている登山者だと思うのだが……。ともあれ、ケガもなく無事であったのはなによりである。

気象遭難

穂高岳の稜線は、春と秋の季節の変わり目には思いもよらない荒天になることがしばしばある。

二〇一四年、春山警備の最終日の朝六時、穂高常駐基地の電話が鳴った。高山警察署からの遭難事故発生の一報である。遭難者は三人パーティで、ジャンダルムの飛騨尾根を登攀後、奥穂高岳山頂から穂高岳山荘までの間でルートがわからなくなり、行動不能に陥ったという。その間には、積雪期によく道迷いが起きる、その名も「間違い尾根」という場所がある。おそらくその間違い尾根に迷い込んだのだろう。

外は一部で青空も覗いていたが、昨日からの吹雪は続いており、猛烈な風もいまだ収まっていなかった。この風ではとても行動できるような状況ではなかったが、遭難場所はここから近いので、山荘従業員にも出動をお願いし、五人（警備隊員三人、山荘従業員二人）で現場へ向かうことになった。

上空はガスがとれて次第に青空が広がっていたが、依然として風速二〇～三〇メートルの猛烈な風が吹き荒れていた。アイゼンがやっと刺さるカチカチの雪壁を慎重に通過してしばらく行くと、ほぼルート上に雪に埋もれた黄色のツエルトが見えた。そのそばには、人らしきものが横たわっているのも確認できた。それはシュラフにくるまった遭難者であった。

「大丈夫か！」

暴風にかき消されそうな声に、遭難者はピクリと反応した。生きている。しかも辛うじて意識もあった。「こんな状況でよく生きていたな」と驚くと同時に、この命をなんとしてでも助けなければという思いを強くする。

すぐに保温の措置に取りかかりながら、近くに見当たらない二人の仲間について尋ねると、「ひとりは近くにいると思う。もうひとりは、昨晩救助を呼びに行くと出ていった」とのことであった。そう言ったこの遭難者も低体温症が進行しており、一刻も早く病院に搬送しなければならない。しかし、気象条件がわるく、ヘリが出動するまでにもうしばらく時間がかかるという。地上搬送をするには時間がかかりすぎ、遭難者にもそうとうな負担がかかってしまう。

ちょうどそのとき、長野県側でも遭難事故が発生していて、長野県警ヘリが奥穂高岳上空をフライトしていた。長野の救助隊に無線で連絡を取って状況を説明し、遭難者のピックアップを依頼すると、長野県側のレスキューは条件がわるくてすぐには取りかかれないので、こっちを優先してくれると言ってくれた。同じ志の隣県の仲間に感謝、感謝である。

正直、「この風では厳しいかな」と思ったが、長野県警ヘリは無事、遭難者を収容して山麓へと搬送していった。あとで聞くと、たしかに風は非常に強かったが、一定方向から吹いていて安定していたのでピックアップできたとのことであった。

引き続き残る二人の捜索に取りかかり、間もなくして稜線から五〇メートルほど岐阜県側に下ったところで雪に埋もれていたひとりを発見した。すぐに掘り起こしたが、体はかちかちに凍りついていて、すでに心肺停止状態であった。ほどなくして岐阜県警ヘリ「らいちょうII号」が強風のなかを飛来し、遭難者を収容・搬送していった。

その収容作業を行なっているときに、白出沢を下山していた登山者から「雪の上に倒れている登山者がいる」との一報が穂高岳山荘に入った。どうやらそれが三人目の遭難者らしい。現場では乱気流が発生していて、ヘリが直接進入するのは難しいという。そこでわれわれがいったん穂高岳山荘まで引き返し、装備・資材を整えて急いで白出沢を下っていった。現場にたどり着いてみると、服装などからして三人パーティのうちのひとりに間違いないようだった。救助を求めにいったのがこの人で、吹雪のなかでルートを間違えて違う尾根に入り込み、途中で滑落してしまったのだろう。

その後、回復してきた天候を見計らって県警ヘリが出動し、遭難者を搬送していった。

われわれが最初に発見した遭難者は一命をとりとめたが、結果的に二人が亡くなるという痛ましい事故となってしまった。同じパーティの仲間であっても生死を分けることがある。それを強く感じた事例であった。

すべての作業が終了したのち、山荘までもどって早々に荷物をまとめ、穂高常駐を終えての下山となった。山を下りていくときは、その日の朝までの吹雪が嘘のように空は晴れわたり、山は穏やかで優しい表情を見せていた。

この天気が昨日であったならと、思わずにはいられなかった。

常駐パトロール

常駐期間中、登山者が少ないときは新隊員を連れてパトロールに出る。行動範囲は、県境稜線を中心に、西はジャンダルム、北は北穂高岳ぐらいまでである。道すがら、登山道周辺の危険箇所や遭難多発地点などを説明し、登山者に行き会えば話しかけて指導も行なう。

十年以上隊員をしていると、十分も歩くと過去に遭難事故があった場所に差しかかる。「ここで凍死した登山者がいる」「ここからは滑落して死亡した」などと、印象に残っている事故の話をしながら歩いていると、新隊員の動きがだんだんと鈍くなってくる。

「しまった。新隊員にとってはただでさえ恐怖を感じる場所なのに、さらに恐怖心をあおってどうするんだ」

と反省するが、これも新隊員の登竜門のひとつだと、少し開き直る。私も先輩隊員からそのように教わってきたし、またそれがいい教訓となったのは確かである。

パトロールをしていると、登山者からは「警察の方ですか。ご苦労さまです」

「あっ、山岳警備隊だ。すごい」などと労《ねぎら》いの言葉をいただくことも多い。われわれは警察官として当たり前の仕事をしているだけで、そんなにすごいことではない。とはいえ、そのような言葉をかけてもらえるのは、山岳警備隊が信頼されているからこそである。

だから声をかけていただけるのは嬉しいしありがたい。その信頼と期待を裏切らないように、使命感を新たにしてまたがんばっていこうと思えるのである。

交通整理

ゴールデンウィークやお盆、秋の連休時には、登山者が局所的に集中することがある。とくに穂高岳山荘上部のハシゴ場と鎖場は渋滞多発箇所であり、登りの渋滞が山荘のテラスを越してザイテングラートまで延びることもあるくらいだ。場合によっては、ハシゴ場に取り付くまで一〜二時間待ちとなることも今では珍しくない。まるで遊園地のアトラクション待ち状態である。

いちばん渋滞が長かったのは二〇一四年の秋の連休時で、山荘のテラスからザイテングラートを十分ほど下ったあたりまで列が続いていた。このときは槍ヶ岳の渋

常駐パトロールによって、遭難者を発見・救助することもある

滞もすごかった。ヘリから見ると、飛騨乗越のあたりまで列が続いていて、その異常な光景に「なんだこれは」とびっくりしたものだった。

渋滞があまりに長くなると、待っている人が怒り出し、「止まれと言っているだろ」「いつまで待たせるんだ」などと、登山者同士が言い合いになることもある。あわや山で傷害事件でも起きかねない状況である。それを見ている家族連れや女性登山者は、怖がって登るのを躊躇してしまうから、決していいことではない。

登山者同士のマナーの問題は、われわれはできるだけ介在せず、当事者たちが解決したほうがいいと考える。しかし、渋滞が長くなることが予想されるときや、罵声が聞こえてきたりするときは、警備隊員や救助隊員が登山道の交通整理に乗り出していく。登山者同士のトラブルを防ぐためだけではない。交通整理をしないと、正規のルート以外のところを登り下りする登山者が出てきて、落石を起こす危険もあるからだ。

ただ、われわれが交通整理をしたからといって、渋滞が解消されるものではなく、長時間待たされることには変わりがない。そうすると、ときにわれわれが罵声を浴びてしまう。

「お前のやり方がわるいから、こんなに渋滞してしまっているんだ」
「山にまで来て警察官に交通整理されるとはな」

などなど、さまざまな意見を頂戴する。やぶへびのような気がしないでもないが、でもほとんどの登山者は「こんなところでもご苦労さまです」「交通整理していただくと、安心して登れます」と感謝してくれる。

どちらにせよ、私は励ましの言葉と理解するようにしている。せっかくの休みの日なのだから、雄大な自然のなかで登山を安全に楽しんでもらいたい。交通整理にあたる私の、正直な気持ちである。

山荘スタッフ

穂高常駐は、穂高岳山荘のオーナーの絶大なるご支援・ご好意により、山荘内の一室をお借りして行なわれている。部屋の広さは六畳ほど。そこに多いときは五人ぐらいが寝泊まりする。食事も山荘スタッフと同じものを提供していただいている。

大きな遭難事故が発生した際には、従業員も山荘業務を中断していっしょに救助活動に当たってくれる。まさにわれわれの仲間である。彼らは穂高を愛しており、その山で命を落としてほしくはないという思いを強く感じる。だからこそ、ときには危険を顧みずに、厳しい現場にも駆けつけてくれるのだろう。

常駐期間が終わる日には、少し寂しさを覚えながら、また次にここに来る日のことを思い、山荘スタッフに挨拶をして下山する。ところが、下山中や下山した翌日に遭難事故が発生することもたびたびあり、救助活動の終了後に山荘を覗いてみると、「おかえり」と冷やかされる。

山小屋の皆さんに支えられてわれわれの活動ができていることに感謝し、ともに山の安全を願ってやまない。

命を守る

これまでの救助活動を振り返るたびに、「こうすれば助かったのではないか」「もっといい方法があったのではないか」と思うことがある。そのような悔いを残さないために、ひとつひとつの救助には全力であたる。命はひとつしかなく、取り返しのつかないものだからである。

私事であるが、私には長女と長男の二人の子どもがいる。長女は六歳、長男は先月生まれたばかりだ。

長男の誕生をいちばん待ちわびていたのは長女であった。生まれたばかりの長男を抱っこした長女は、お姉ちゃんぶって「私がお世話するからね」と、最上の笑みを見せた。六歳にして、すでに「命を守らなければ」という気持ちが芽生えているのかもしれない。

以来、家に帰って子どもの顔を見ることも、ひとつの義務だと思うようになった。人の命は、さまざまなところで「守られ」「守って」いるように思う。われわれ警察官は、「個人の生命身体の保護」という崇高な責務を担っている。この責務に誇りと使命感をもち、周りの方々の協力を得ながら、命を守る仕事に邁進していきたい。

困った登山者たち

松浦和博――飛騨警察署神岡警部交番　一九六二年、岐阜県八百津町出身

安易なパーティ編成

ある夏の穂高常駐勤務でのことである。

午後八時ごろ、穂高岳山荘で遅い夕食をとっていたときに、山荘のスタッフから「テラスにいたお客さんが、奥穂高岳のほうから『助けて』という声が聞こえてきたと言っています」との報告を受けた。

登山は「早発ち早着き」が原則であり、午後三時前後に行動を終えるのが常識とされている。それがこんな夜遅い時間に、いったい何事だろう。二次遭難の危険があることから、通常、警備隊は夜間の救助活動は行なわない。まして槍・穂高連峰の縦走路はただでさえ落石が多く、夜間はその受傷事故につながるリスクが高くなる。

とはいえ、小屋のすぐそばで「助けて」という声が聞こえるというのを、そのままにしておくわけにはいかない。夕食を中断して本署に一報を入れ、三人で現場に向かうことにした。

ヘッドランプをつけ、ハシゴとクサリのかかる岩場を奥穂高岳方向へ二十分ほど登っていったところで、暗闇のなかでうずくまっている二人の女性を発見した。さらにその先にも二人の男女が身動きできずにいた。疲れ切った表情の四人は家族で、最初に発見したのが母親と娘、そこからちょっと離れた場所にいたのが父親ともうひとりの娘だった。

四人をサポートしてどうにか穂高岳山荘まで下りてきたのち、どうしてこんなことになってしまったのか事情を聞いてみると、呆れた事実が浮かび上がってきた。

四人は四十代の両親と、大学生と中学生の娘で、両親には八年ほどの登山経験があるとのこと。この山行は、大学生の娘が就職のため来春から家を離れることになったため、「家族の思い出づくりに」と、西穂高岳から奥穂高岳への縦走登山を計画したものだったという。問題は、両親はともかく、登山経験のほとんどない娘二人がいるにも拘らず、なぜ国内でも最難とされる西穂高岳から奥穂高岳の縦走コースを歩こうとしたのかだ。

案の定、最初の岩場となる独標まで来たところで、険しい岩場を歩く恐怖から大学生の娘のペースがガくんと落ちた。彼女は両親に「もうこれ以上先には進みたくない」と訴えたそうだ。ところが両親は引き返そうとせず、あくまで計画を強行しようとした。

途中、通り雨に打たれ、寒さに震えながらも、四人はどうにか奥穂高岳までたどり着いた。しかし、そこでとうとう日没となってしまった。誰ひとりヘッドランプを持っていないので、それ以上行動することはできない。ビバークするためのツエルトもない。もうどうすることもできず、万事休すとなって、助けを求めたのだった。

信じられないのは、子どもが嫌がっているのに、なんで危険なルートを無理矢理歩かせようとしたのだろうか。子どもに苦行でもさせるつもりだったのだろうか。「家族の思い出づくり」といえば聞こえはいいが、結局は親のエゴで自分の子どもを危険な目に遭わせただけだったのではないか。奇跡的になんとか歩き通せたからよかったようなものの、もし途中で転滑落してしまったら、親はどう責任をとるのだろう。

このケースは、事故を起こさずに奥穂高岳まで来られたのが不思議なくらいだった。両親には八年もの登山経験があるのに、ツエルトやヘッドランプを持っていなかったのも理解できなかった。だからよけいに厳しく諭したが、理解してもらえたかどうか……。

西穂高岳から奥穂高岳の縦走は行程が長く、体力はもちろん総合的な登山技術と的確な判断力が要求される厳しいコースである。それだけにちょっとしたミスが命取りになり、実際に遭難事故も多発している。

ところが、それをわかっているのかどうか、軽い気持ちでこのコースを歩こうとする登山者があとを絶たない。

われわれが訓練でこのコースを歩いたとき、高齢の登山者がつかず離れずわれわれのあとにくっついてきた。決してわれわれを抜こうとはせず、地図を出して現在地を確認しようともしなかった。まさに人のあとにくっついていくだけ。奥穂高岳の山頂に着いてから、この登山者は誰かに携帯で電話をかけて「全然大したことなかったよ」と言っていたが、思わず「それは違うだろう」と声が出そうになった。

その夜は穂高岳山荘に泊まり、翌日下山しようとしていたら、ロバの耳で滑落事故が発生したという連絡が飛び込んできた。すぐに現場に駆けつけたが、残念ながら遭難者はすでに死亡していた。この遭難者には同行者がひとりいた。話を聞くと、遭難者とは前日に山小屋で初めて会い、酒を酌み交わしているうちに「いっしょに西穂高岳まで行こう」という話になったそうである。現場で事情を聴取するわれわれに、彼はこう言った。

「早く西穂まで行きたいので、もういいですか」

前日まで見知らぬ者同士だったとはいえ、人がひとり亡くなっているというのに、自分の予定を優先させようとする神経が、私にはちょっと信じられなかった。

ともあれ、前に述べたように、西穂高岳から奥穂高岳への縦走路は国内で最も難しい一般コースである。それなりの技術と体力が備わっている人以外は、絶対に入り込むべきではない。

もうひとつ、別の事例を紹介しよう。夏のある日、私は新穂高の登山指導センターでの勤務に就いていた。そこへ六十歳代の男性がやってきたのは、午後四時半ごろのことである。

「連れの者が下りてこないんですけど、こちらに来ていませんか」
そう彼は言った。詳しく話を聞くと、男性は同年代の女性と二人で笠ヶ岳にやってきて、前夜は笠ヶ岳山荘に宿泊。この日の朝七時半ごろ山荘を出発し、新穂高へ向けて下山を開始した。ところが三十分も歩いていない抜戸岳への稜線上で、歩くペースの違いから男性は「俺は先に行ってわさび平小屋で待っている。午後一時ごろ、小屋で合流しよう」と言って、女性と別れたという。一足先に下山した男性は、言ったとおりわさび平小屋で女性の到着を待っていたのだが、待てど暮らせど女性は下りてこない。午後三時を回っても下りてこないので、とうとう心配になってセンターに届け出にきたのであった。

今は北アルプスでも谷沿いなどの一部を除き、携帯電話が通じるようになっている。話を聞き、まず女性と連絡を取るために携帯電話の番号を尋ねると、なんと男性は「知らない」という。しかも、男性の携帯電話は新穂高の駐車場に停めてある車の中にあり、その車は女性のもので、車のキーは女性が持っているというのである。ならばと、今度は女性の家族に連絡を取ろうとしたのだが、男性は女性の詳しい住所も知らなかった。もちろん登山計画書は作成していないし、登山届の提出もない。まさに負の連鎖である。

そうなれば、われわれが直接、登山道を捜索するしかない。笠新道を捜索していた山岳警備隊員が、ほかの登山者に付き添われて下山してきた女性を発見したのは、それからしばらくしてのことだった。その親切な登山者は、客を連れていた山岳ガイドだった。女性は下りてくる途中で熱中症にかかって脱水症状となり、膝関節の痛みや筋肉疲労も伴って歩けなくなり、道端に座り込んでいたという。そこへ山岳ガイドらが通りかかり、いっしょに付き添ってくれてなんとか下りてきたのだった。

勝手な登山者

笠ヶ岳や双六岳では、なぜかこの手の話が多い。

パトロールで笠新道を下りてきたときに、途中で追いついた中高年の女性登山者に「どうぞ先に行ってください」と言われたことがあった。

「いや、われわれはパトロールなのでゆっくり行きます。ひとりですか」

「いえ、前に仲間が二人います」

その女性は、疲労からかフラフラの状態で、足は踏ん張りがきかず、生まれたての子鹿のように膝がガクガクしていた。そのまま放っておいたら事故になってしまうかもしれないと思い、「じゃあ、いっしょに下りましょうか」と言ってゆっくり下りはじめた。

先行した仲間の男性二人は、しばらく下りていったところで女性が来るのを待っていた。パーティを組んで山に来ているのに、なんで先に行ってしまうのだろう。遅れている女性にもしなにかアクシデントがあったらどうするのか。そう思い、ひとこと言わずにはいられなかった。

「自分たちだけ先に下りてどうするんや。この人は足がフラフラの状態やで。笠新道の下りはすごく膝にくるから、離れないようして見ててあげなきゃダメだよ」

同じくパトロールで小池新道を上がっていたときに、若いカップルの登山者に行き会った。気になったのは、休憩しているときは二人そろっているのに、行動中は男性のほうが先行し、お互いの姿が見えなくなるぐらい離れてしまっていることだった。

折を見て女の子に「彼といっしょに来ているんじゃないの」と話しかけてみると、彼女はこう言った。

「そうなんですけど、彼はずっと山をやってきたから歩くペースが速くて。私はまだ始めたばっかりなので、ついていけないんです」

「だったらなおさら『いっしょに歩いて』って、彼に言わなきゃダメだよ。こんなに離れていて、もし足でも挫《くじ》いたりしたらどうするの。誰も助けてくれないよ」

翌日、われわれが小池新道を下りていくと、そのカップルも同じ道を下りてきた。たしか彼女たちは双六小屋にテントを張って二泊すると言っていたのだが……。

わさび平小屋で休んでいるときに、たまたま女の子と話す機会があったので尋ねてみた。

「双六小屋でもう一泊するんじゃなかったの」

「よくよく考えたら、やっぱりおかしいですよね。いっしょに山に来ているのに、ほったらかしにされて。それを言ったらケンカになって、下りてきちゃったんです」

デート登山なら、まして女性が初心者なら、男性が目を離さないようにしてサポートするのが当たり前だと思うのだが、どうもそういう常識は通用しないらしい。

またあるときは、中高年の二人パーティが笠ヶ岳からクリヤ谷コースを下りてくる途中で離れ離れになり、遅れているほうが徒渉地点で足を捻挫して下山できなくなり、救助要請をしてきたことがあった。「同行者がいる」と聞いて携帯に電話をかけてみると、すでに下山してきているという。

「あなたの同行者が下山中にケガをして、救助を要請してきているんですよ」

「えっ、そうなんですか。私はもう温泉に着いて、ビールを飲んでいるんですけどね」

パーティを組んで山に登るのは、なにかアクシデントが起きたときに助け合えるし、なんらかの知恵を出し合えるからだ。なのに離れ離れになってしまったのでは、パーティを組んでいる意味がない。いったいなんのためにパーティを組んでいるのだろう。パーティはいわば家族のようなものである。パーティを組んで山に来る以上、いつどんなことがあっても離れ離れになるべきではない。

話は変わるが、われわれは警察官なので、警察法第二条（警察の責務）に従い、国民の命を守るためにどんな現場であろうと駆けつけていく。東日本大震災のときも、原発事故による放射能汚染地域に岐阜県警の若い機動隊員が出動していった。

そんな危険なところへは、人生の折り返し地点を過ぎている私のような歳の警察官が行けばいいと思うのだが、実際に派遣されたのは若い警察官たちだった。

山の遭難救助でも、若い隊員らは人命救助という使命感に燃え、ときには我が身を顧みず、落石や雪崩の危険が高まっている現場へも駆けつけていく。

山にはさまざまな危険が潜んでおり、綿密な計画を立て準備万端整えても、どうしても事故を避けきれないこともある。しかし、その一方で、山に対する尊敬と畏怖の念を忘れ、謙虚な気持ちもないまま山へ入り込み、本来なら自分たちで解決すべきトラブルにも対処できず、携帯電話で安易な救助要請をするというケースがあとを絶たない。そんな無計画で身勝手な救助要請があるたびに、将来ある若い警備隊員が危険な現場へと赴いていき、自らの命のやり取りをしなければならないのである。

今、若い登山者が増えてきてはいるが、遭難事故の大半は高齢者によるものだ。酸いも甘いも噛み分け、人生を謳歌してきた年配の遭難者は、そのことをどう感じているのだろう。山は非日常の世界であるはずなのに、ヘッドランプは持っていないし、パーティを組んでもバラバラになってしまう。まるでディズニーランドに遊びにくるような感覚なのだろうか。そして最後は「助けて」なのだから、ほとほと呆れてしまう。

昔は、救助されるのは恥だという風潮があった。アクシデントが起きたときは自分たちで処理するのが当たり前であり、救助隊のお世話になるようではいっぱしの山男ではないと考えられていた。それがいまや「早く救助隊を呼べ」である。

遭難した人は、家族がどれだけ心配しているかわかっているのだろうか。当人は好きで山に来ているかもしれないが、もしなにかあったら、どれだけ悲しむ人がいるのか。万一「遭難か」となったときに、その家族からは警察に「どうなっているんでしょうか」としょっちゅう電話がかかってくる。しかし本人はそのことに気づいていない。「えっ、そんなに心配していたの?」と驚いた人もいたぐらいである。

だから私は、遭難騒ぎを起こして助かった人には、きつく叱りつけている。言われたほうは「なんやこいつは」と思うかもしれないが、他人から言われないとわからない人もいる。最初は反発していても、家族の話をすれば、だいたい神妙になって話を聞いてくれる。私みたいな口うるさい隊員がひとりぐらいいたっていいだろう。

私が高山署に勤務していた二〇〇五(平成十七)年、乗鞍岳で渓流釣りの人が雪解け水に流されて亡くなるという事故が起きた。そのときに刑事課長だった同期生が、現場検証のために現地に行ったのだが、そこで足を滑らせて川に落ち、溺れて命を落としてしまった。彼とはその日の朝、署内で顔を合わせて「おう」と声をかけ合ったばかりだった。それが昼過ぎには還らぬ人になってしまったのである。警察の同期生というのは兄弟みたいなものなので、さすがにショックは大きかった。

山では絶対に命を落としてもらいたくはない。だから叱りもする。それも私の仕事のうちだと思っている。そういう人もいないと、登山者のためにならない。

最後にひとこと。あなたは山と真剣に向き合っていますか。そして山に行くとき、大切な人にどこへ行くのか伝えていますか。

第2章　新隊員の決意

初出動の思い出

丸亀淳吾――高山警察署奥飛騨交番　一九八四年、岐阜県飛騨市出身

滑落事故発生

「カメ、お前、山やるか」

二〇一〇（平成二十二）年七月、高山署石浦交番に勤務していた私は、非番日に高山市内で買い物をしていたところ、当時の山岳担当係長（中西係長）からかかってきた電話で突然こう言われた。

「えっ、山ってなんですか？」

意味が理解できず聞き返しているうちに、山岳警備隊入隊についての話だということがわかってきた。

「お前は神岡出身やで、山ぐらい登ったことあるやろ」

そう言われたが、三〇〇〇メートル級の山に登ったのは、中学校の学校登山で御

嶽山に登った一回だけ。自分に舞い込んでくる話にしては、あまりに衝撃的なものだったのでいまいち飲み込めず、自分に務まるのだろうかとも思ったが、「お前は体がでかいで、できるやろ」と言われ、「はあ、はい、わかりました」などと気の抜けた返事をしてしまったことをよく覚えている。

正直言って、「山岳救助の仕事は警察が行なうもの」「岐阜県警察には山岳警備隊員がいる」ということは、高山署に配属されて初めて知った。生まれ育った飛騨市神岡町の実家から北アルプスの焼岳が見えるという事実にも、実は二十数年間気がついていなかった。隊員になって訓練で焼岳に登り、実家に帰ってきて初めて「あ、焼岳って見えとったんや」と気がついたのだ。もちろん目には入っていたが、それが焼岳だとはそのときまで知らなかった。それほどまでに山には縁のなかった自分が、まさか山の仕事をするようになるとはまったく予想していなかった。

入隊してしばらくはとにかく訓練がエラかった。歩き方ひとつにしても、歩幅を狭くしたほうが楽だというようなことも知らないので、自己流で歩いていたら息が上がってきて、すぐについていけなくなった。なのにほかの隊員は喋りながら歩いている。「なんていう人たちや」と内心舌を巻いていた。

そのころの警備隊には、一年先に警備隊員になった警察学校の同期がいた。警察学校時代、彼はとくに体力抜群というわけではなく、持久走は私より遅いぐらいだったのだが、警備隊に入ってみたら彼についていけなくなっていた。

「なんでこいつ、こんなに楽そうに登ってるんや」

当時はそれが不思議でならなかったが、そのうちに少しずつ歩き方のコツがつかめてきた。今では自分なりのペース配分ができるようになり、多少は余裕を持って歩けるようになっている。

本格的な出動に初めて従事したのは、入隊して一年ほどが経過した二〇一一（平成二十三）年八月のお盆が過ぎたころのことである。私は前日から新穂高登山指導センターに詰めており、朝十時に次の勤務員と交替し、当時住んでいた高山市の独身寮に車でもどろうとしていたところだった。そこへ高山署の地域課長から「遭難が発生した」という電話がかかってきた。

「今どこや。とにかく人が要る。すぐヘリポートまで来てくれ」

課長の声のトーンから、なにやら大事であることがうかがえた。ほとんど高山市内まで帰ってきてしまっていたが、すぐにUターンして一時間以上の道のりを新穂高へと引き返していった。

事故が発生したのはこの日の午前十時ごろ。西穂高岳から槍ヶ岳を目指して縦走中だったツアー登山の十四名が、雨のため西穂のピークを越えたところで撤退を決め、来た道をもどりはじめたのだが、ルートを間違えたのちに、四十歳代の女性が足を滑らせて稜線から滑落してしまったという。女性は右肩を骨折して行動不能となり、同行者が救助を要請してきたのだった。

集合場所の鍋平ヘリポートに着くと、そこには県警ヘリ「らいちょうII号」が停まっており、無線機を囲んで航空隊の隊員らが待機していた。空にはガスがかかっていて、現場の方角の山は見えない。課長から「西穂よりさらに奥で行動不能になった登山者がいる。ガスのせいでヘリでの救助は見込めないから背負って下ろすしかない。すでに先発隊は遭難者と合流している。すぐに応援に向かってくれ」との指示があり、ベテランの先輩隊員を班長とした四人の班のひとりとして徒歩で救助に向かうことになった。

西穂ではこの事故の前にも事故が起きており、二人の隊員が現場へ行って死亡した遭難者の搬送準備をしていたところに二件目の事故が発生。この二人がまず二件目の現場へ向かい、続いて第二班が新穂高から出動、われわれは第三班としての出動であった。

初めての大規模な出動に緊張と不安もあったが、それ以上に「ついに出動の機会が来たか」と、現場に出してもらえることに嬉しさを感じていた。助けを求めている遭難者のために、とにかく自分の持ちうる最大限の力を発揮することだけを考えるようにした。

現場まではひたすら先輩隊員に後れを取らないように必死に歩いた。ハイペースだったが不思議と疲れを感じなかったのは、今考えると初めての出動ということで興奮していたからなのかもしれない。

西穂山荘を過ぎ、独標を越えてピラミッドピークに到着した午後三時過ぎごろ、下山中の先発隊と合流することができた。遭難者の女性は、レスキューハーネスを装着して隊員に背負われている。かなりの重傷を負っているようで、ぐったりとして呻き声を上げていた。その女性の弱った表情や、訓練では感じたことのない谷口係長や民間救助隊員のピリピリとした雰囲気から、これまでの搬送の過酷さが伝わってきた。そしてその過酷な状況は、今も続いているのだ。

先輩隊員たちが交代で遭難者を背負い、前後からザイル二本で確保されながら、急なアップダウンのある険しい稜線を慎重に搬送していく。険しい場所で一歩ずつ次の足場を指示するのが、もっぱらの私の役目だ。危険箇所にはフィックスロープを張り、ときには懸垂下降も行なった。

独標を下りきったところで、現場の隊長である谷口係長から「ここからは比較的危なくないで、若い者も背負ってどんどん下りるぞ」と声がかかった。とうとう自分にも背負う役目が回ってきた。実際に背負ってみると、遭難者の重みがずっしりと足にかかってくる。遭難者を背負って搬送する訓練はそれまでにもたびたび積んできてはいたが、実際の現場となると訓練とはまったく違う。足元は不安定だし、揺れるたびに遭難者からウッという声が漏れ、辛そうな気配が背中越しに伝わってきた。なるべく衝撃がかからないような歩き方を心掛けるのだが、背負うのに精一杯でなかなかそこまで気が回らない。

それでも「なにか役に立ちたい」「役に立てるのはここしかない」という気持ちで、もうひとりの若い隊員と競い合うようにして交代しながら下ろしてきた。

なんとか西穂山荘に到着したときには日が暮れはじめており、ここで小休止をとり、夏山診療所で改めてケガ人の応急処置をしてもらった。ドクターは「速やかに下山させてください」と言うが、この時間と天候ではヘリを飛ばすことはできず、このまま人力で搬送を続けることが確認された。

西穂山荘からはヘッドランプで登山道を照らしながらの搬送となった。さらに応援の後続班も加わったため、総勢十五人以上の救助部隊となっていた。とにかく早く無事に下山させて辛さから解放してあげたい、そして警備隊員として役に立ちたいという思いから、「今できることを精一杯やろう」と、夢中で背負って歩いた。

登山道を下りきってロープウェーの駅にたどり着いたのが午後六時五十三分。従業員が下りる最後の便に乗せてもらい、遭難者を救急隊に引き継いだときには、言葉にならない達成感があった。仕事を通してこのような感動を味わえるということは、ほんとうに幸せなことだと思った。

この事案は人海戦術で行なった救助活動であり、これほどの大人数が動員される救助活動はあまりないという。搬送中、北飛山岳救助隊のベテランの隊員が遭難者を励ますため、また背負っている隊員を鼓舞するために大きなかけ声を出し続けていた。場違いかもしれないが、それがまるでお祭りのような雰囲気に感じられた。

訓練では見せない、谷口係長の厳しい表情も強く印象に残った。救助終了後に高山署の地域課長が「みんな、よくやってくれた」と号令をかけたときは、映画の一シーンを見ているかのようだった。

家族の支え

この救助があった翌年の春から奥飛騨交番勤務となり、出動の回数も少しずつ増えてきたが、気持ちは初出動のときと変わらない。とにかく「遭難者のために自分ができることを精一杯やりきる」ということだけを考えて現場に臨むようにしている。

そしてその気持ちの大きな支えになっているのが、家族の存在である。とくに子どもが生まれてからは、前にも増してやる気が出てきたし、子どもが力の源になっているといっても過言ではない。

私事になるが、子どもが生まれたのが二〇一四（平成二十六）年五月で、ゴールデンウィークの春山穂高常駐から下山する五月六日の翌日が出産予定日だった。下山にはヘリを使うため、ヘリが飛べるか飛べないか、また遭難事故があるかないかによって、下りられなくなることもある。予定どおり下りられたらいいなと思っていたら、下山予定日に遭難事故が起きてしまった。幸い救助活動は早く片づき、天気もよくヘリが飛べたので、予定どおり下山できたが、下りてすぐ病院に行ったら妻から「明日じゃなくなったよ」と言われた。無事長女が誕生したのは、予定日よりだいぶ遅れた五月二十九日のことだった。

この常駐期間中に、穂高岳山荘で先輩隊員に協力してもらって赤ちゃんの名前を考え、生まれた子どもに「春乃」と名づけた。五月の穂高はまだ寒さが厳しいが、誕生が待ち遠しい気持ちは春の暖かさのようだからというのが、名前の由来である。

子どもができてからというもの、救助で現場に行くときには、自分の子どもが山の上でひとり助けを待っている様子が浮かんでくるようになった。

たとえば二〇一五（平成二十七）年一月に笠ヶ岳で起きた遭難事故のときもそうだ。夜遅く、「笠ヶ岳の稜線で単独行の男性が動けなくなってビバークしている」との通報があり、翌朝からテント泊で現場に向かうことになった。三〇〇〇メートル級の雪山に歩いて上がるのは訓練でも経験したことがなかったので、すごく不安だったが、連絡を受けたときはそばに妻がいた。なるべく心配させないように余計なことは言わず、「明日、山や。一日帰れんかもしれん」とだけ伝え、翌朝、「行ってくるわ」と言って家を出た。

そして外に出て玄関を閉めた次の瞬間、山の上の雪洞の中で、自分の子どもがひとり泣きながら助けを待っているイメージがリアルに浮かんできた。

そのようなイメージは、毎回浮かんでくる。そうイメージすることで、自分自身を奮い立たせているのだろう。

この笠ヶ岳の救助のときは、出動した四人の隊員のうち、私がいちばんの若手だった。深いところでは胸ぐらいまでの積雪があり、その日のうちに現場までたどり着けず、クリヤ谷コースの標高約二二〇〇メートル地点で幕営した。翌日はヘリが飛べる気象条件となったため、最終的に遭難者はヘリでピックアップされ、われわれは歩いて引き返してきた。

はじめはなにもわからないまま警備隊員になった私だが、歴史ある岐阜県警察山岳警備隊の一員であること、そして山岳警備の最前線である奥飛騨交番で勤務させてもらえていることに、今は大変重い責任を感じている。山岳警備隊員として一人前と認められるようになるため、そして山で待つ登山者に頼られる存在になるために、これからも訓練を重ねて実力をつけていきたいと思う。

救えなかった命

坪内琢朗——高山警察署奥飛騨交番　一九九二年、岐阜県本巣市出身

志願した奥飛騨交番勤務

中学生のとき、自転車での下校時に見通しの悪い交差点で四トントラックと衝突し、重傷を負ったことがある。その際の事情聴取で、お巡りさんがとても丁寧に対応してくれて、それまでの警察官のイメージがくつがえされた。それが警察官を志した動機だ。

岐阜県警に山岳警備隊という組織があることは、警察学校時代に配布された資料の上でしか知らなかった。しかし、山岳警備隊飛騨方面隊の本拠地である高山警察署に配属されてみると、想像していた以上に遭難事故が多く、そのたびに出動している警備隊員の活躍ぶりを見て、いつしか「よし、自分も」と思うようになっていた。上司から「お前は体がでかいし、向いとるやろうで、やってみろよ」と言われ

たのもきっかけとなった。

警備隊に配属されたのは二〇一二（平成二十四）年のこと。登山の経験といったら岐阜の金華山程度しかない。それこそアイゼンがなにかもわからないようなド素人の私だったが、訓練と現場を少しずつ経験させてもらいながら、今は北アルプスが管内にある奥飛騨交番で勤務に就いている。

警備隊の前線基地となる奥飛騨交番の勤務は、自ら志願したことだ。隊員になって一年目の冬、訓練で西穂高岳に行ったとき、丸山のあたりから見た北アルプスの景色がとてもきれいだったのが強く印象に残り、「もっと深く警備隊の仕事と接したい」と思って申し出たら、すんなり希望が通ってしまった。

まだそれほど現場の経験もないなかで、今でもよく覚えているのが、二〇一四（平成二十六）年三月に割谷山で起きた道迷い遭難の一件である。

その日は当直勤務だったので、朝、自宅で着ていくワイシャツのアイロン掛けをしていたところに、当直中の勤務員の川端部長から連絡が入ってきた。

「焼岳で道迷いが出たから、交番長と大森君と坪内君の三人でよろしく」

そう言われ、今度は慌てて山の準備をして自宅を飛び出していった。事前の情報によると、一一〇番通報は遭難者から直接あったそうで、「西穂山荘からちょっと下ったところにある、きぬがさの池あたりにいる」とのことだった。

この日は天気が悪く、ヘリが飛べないというので、われわれ三人は新穂高ロープウェーから西穂山荘経由で現場へ向かうことになった。ロープウェーのゴンドラに揺られながら、私が考えていたのは作業の段取りのことだった。

通報者は大きな外傷もなく、自力歩行できる充分な体力もあるようなので、レスキューハーネスやバーティカル・ストレッチャー類の救助用具は使わなくても大丈夫だろう。スノーシューやワカンは携行していないようだから、移動速度は速くないはずだ。迷っていると思われる場所は、西穂山荘からそう遠くはない。そこは登山者が少ないルートなので、トレースが少なく捜索もしやすいだろう。しかも遭難者とは携帯でしっかりと連絡が取れる状態である。

そんなことから、楽勝とまではいかなくても、救助活動は早めに終わるのではないかと予想できた。「西穂山荘まで小一時間で行って、三十分ぐらいで遭難者と合流して、そのままいっしょに下りてこよう」ぐらいのつもりだった。

入山したのが八時過ぎで、西穂山荘到着が九時ごろ。それからきぬがさの池へ向かって捜索を開始した。ところが、さくっと終わらせるつもりだったのに、五時間経っても遭難者は見つからない。雪の上には、人が行ったり来たりしているトレースや獣の足跡が点在するだけで、手掛かりは皆無。悪いことに雨が土砂降り一歩手前ぐらいの勢いで延々と降っており、オーバージャケットにオーバーズボンを履き、スパッツをしていても、全身がずぶ濡れ状態になってしまった。

カロリーメイトを齧《かじ》りながら、「こりゃえらい捜索になったな」と内心つぶやきつつ、激しい雨と濃いガスのなか、捜索を続行する。そのうちに雨が吹雪に変わり、気がつくとオーバージャケットの下に着ていた中間着の袖口が凍りついていた。

怪しいと思われる場所には、何度も行ったり来たりしているトレースがついていた。こんな日にこんなところを歩いている登山者は、遭難者ぐらいしかいないはずだ。それらを一カ所一カ所潰しながら時間をかけて捜索していったが、手掛かりはなにも得られない。道中の呼び声も笛の音も雨音にかき消されてしまい、遭難者には届きそうもない。

三人がお互いに目視確認をとれる範囲に拡散し、西穂山荘と焼岳の中間にある割谷山の山頂付近まで捜していったが、ムダ足に終わった。

意気込んで捜索をはじめたものの、結局は遭難者を発見できず、この日の捜索は打ち切られることになった。冷たい雨に打たれ続けてずぶ濡れになったうえ、強風にも叩かれ、体が冷えきって体力はすっかり削ぎ取られてしまった。長期戦を考えておらず防水防寒対策が不完全だった自分に対する不甲斐なさと、発見できなかった悔しさで胸がいっぱいになりながら、スノーシューを装着した重い足を一歩一歩踏みしめて山荘へのトレースをたどっていった。

ところが、その帰路の途中、本署から「遭難者と連絡が取れた」という無線が入ってきた。遭難者は「捜索隊のトレースを見つけました。これを追いかけます」と言って電話を切ったそうだ。

しかし、もうわれわれに割谷山方面に引き返していくだけの余力は残っていない。本署と連絡を取り合い、どう対処するかを検討した結果、応援で山荘に駆けつけてきていた後発の先輩隊員二人が割谷山まで捜索に出ることになった。途中でわれわれとすれ違った二人は、夕闇が迫る吹雪のなか、一縷《いちる》の望みを背負って凄まじい勢いで稜線を走り抜けていった。

割谷山捜索

ようやく山荘に帰り着いたわれわれは、濡れた服を着替えて乾かしたり、装備のメンテナンスを行なったりしながら、後発隊の帰りを待った。その時間がとても長く感じられた。

先輩隊員のひとりは、韋駄天《いだてん》のごとき速さで山野を駆け抜ける伝説の男だったので、われわれが捜索した割谷山まで行くのは問題ないと思えた。さらに二人にとっては歩き慣れた道であるうえ、地図とGPS端末を併用して現在地を確認しつつトレースを追っていた。二人がコースから外れることはまず考えられず、遭難者もわれわれのトレースをたどってきているのであれば、どこかで必ず合流するはずだった。もし合流できなければ、遭難者は吹雪のなかでのビバークとなり、しっかりした装備を持っていなければ非常に厳しい状態に置かれることになる。

どうにかして合流してほしい。そう願いながら、刻々と時間だけが過ぎていった。

だが、結果は期待を裏切るものだった。先輩隊員は割谷山まで行ったものの遭難者とは合流できず、ヘッドランプの灯りを頼りに吹雪のなかを四時間かけて山荘に帰ってきた。二人が無事帰ってきてひとまずホッとしたが、遭難者のことを考えると喜んでもいられなかった。

「こういう悪条件のときは、体力の温存をいちばんに考えるべきだが、道に迷ったという焦りや不安から、遭難者はおそらく冷静な判断ができなくなっているだろう。獣の足跡か自分自身の踏み跡を、私たちのトレースだと思い込んで、暗闇の吹雪のなかを行ったり来たりしているのではないか」

先輩隊員がそう言っているのを聞き、我が身に置き換えてその状況を想像すると、この夜を乗り切ることの困難さがよく理解できた。しかし、われわれにはどうすることもできない。この日の捜索活動は、後続隊の帰投をもって終了となった。夜の間に本署も遭難者とは連絡が取れなくなっていた。

翌日は、前日の天候が嘘のような快晴となった。視界はクリアで上高地まで見渡せた。この日はヘリコプターによる空からの捜索に加え、高山署と飛騨署から応援が駆けつけてきて増員がはかられた地上部隊も、歩いて割谷山周辺を捜索することになった。

再び割谷山山頂付近までやってきたわれわれは、いくつかの班に分かれ、降雪で消えかかったトレースをさらに追っていった。しかし、昨日必死に捜しただけあって新しい進展はなく、「もっと奥のほうに入って捜してみるか」という話になったとき、現場上空を捜索していた県警ヘリ「らいちょうII号」からにわかに無線が飛び込んできた。

「焼岳小屋より割谷山方面に二つ目のピーク付近で遭難者らしき者を発見」

その後、ヘリコプターに搭乗していた隊員が現場にホイストで降下し、それが捜していた遭難者であることを確認した。

発見現場は、前日の捜索時、「いくらなんでもこれより先には行っていないだろう」と考えて引き返してきた場所よりも、もっとはるか奥のほう（焼岳寄り）であった。最初の話では、「きぬがさの池の近くにいる」ということだったのに、迷って彷徨しながら正反対の方向へ進んでいき、西穂山荘からはどんどん離れていってしまったのだろう。

遭難者は心肺停止状態で、半身が雪に埋もれていたという。私の少ない経験からでも、昨日発見できなかった時点で「たぶんダメだろう」と思ってはいたが、それでもなんとか生きていてほしいと願っていただけに、「やっぱり……」とやるせない気持ちになってしまった。

しかし、考え方によっては、助からなかったとはいえ早期に発見できてご家族のもとに帰してあげられたことだけでも、まだ幾分よかったのかもしれない。

ヘリコプターでの収容作業を終わったのち、われわれもヘリにピックアップしてもらって鍋平のヘリポートに降りることになった。ヘリコプターの窓から見えた北アルプスの山々は、昨日降った降雪をまとって白くきれいに輝いていた。

この事案では、山岳レスキューの厳しさを改めて感じさせられた。防寒措置を怠ったこと、捜索中にハンガーノックになりかけたことなど、反省すべき点も多かった。

このときの教訓は、間違いなく〝今〟に活かされているはずである。

人の役に立てる嬉しさ

佐古裕亮――飛騨警察署神岡警部交番　一九八八年、岐阜県高山市出身

私が山岳警備隊員に任命されたのは二〇一三（平成二十五）年四月なので、まだまだ経験も浅く新米隊員の域を出ていない。なにしろ登山の経験は子どものころの学校登山ぐらい。当初は「私に山岳警備隊員が務まるのだろうか」と、不安のほうが大きかった。

入隊してみてまず痛感したのは、この仕事は訓練が基盤になっているということだ。

あれは初めての冬山訓練で西穂高岳に二泊三日で行ったときのことである。参加者は十五～二十人ぐらいだったか。初日はロープウェーで入山し、西穂山荘前に幕営したのち、独標を往復しながら雪上訓練を行なった。

二日目は、西穂山荘から焼岳方面に下っていったところに遭難者がいるという設定での救助活動のシミュレーション。遭難者は足を骨折しているため、レスキュー

ハーネスを使っての背負い搬送はできず、バーティカル・ストレッチャーとスノーボートを使用して、ヘリコプターでピックアップできる場所までみんなで引っ張り上げるという訓練だった。

そのとき、私は若手隊員ということもあり、いちばん負荷のかかる場所（スノーボートの前方横）に配置された。しかし、大人ひとりが乗っているスノーボートを引っ張りながら雪の斜面を登っていくというのは、容易なことではない。周囲から先輩隊員の檄が飛んでくるなか、コツもつかめずに四苦八苦し、思うように進まないもどかしさと疲労から、半ば諦めて力を抜いてしまったときだった。

「そんなナメたやり方じゃ、遭難者が死んでまうぞ！　もっと声を出して引っ張れ！」

先輩隊員から大声で喝《かつ》が入った。そのひと声で場の雰囲気がぴーんと張り詰めた。若手隊員は「そーれ、いちに！　いちに！」と声をかけ合いながら、一丸となってスノーボートを引っ張り上げた。

引っ張った距離はめちゃくちゃ長く感じたが、汗だくになりながらもどうにか目的地点まで到達できたときは、訓練とはいえある種の達成感を感じていた。そして思った。

「これがガチなんだ。こうやってやらなきゃあかんのや」と。

この訓練を通じて学んだのは、「生半可な気持ちでは遭難者を救えない」「遭難者を救うためには、なによりふだんの訓練が重要である」ということだった。

思えば、警備隊員に任命されたときに、ある程度の覚悟はしていたつもりだったが、それはまだ漠然としたものだった。それがこの訓練を経験したことによって、山岳遭難救助という仕事の厳しさの一端に触れたような気がした。

山岳警備隊員としての訓練は、年間を通して多様なプログラムが組まれている。最初のころは、歩き方ひとつとってみても全然ダメだった。自分でも体力はあるほうだと思っていて、ガンガン飛ばしていったら、結局バテバテになってしまった。タフな先輩隊員の歩き方を見て、初めて「そもそも歩き方が違うな」と気づいたものだった。

また、神岡交番のクライミングウォールを使って行なわれる訓練などは、めちゃめちゃ厳しいし、怖さを感じることもある。本番でロープの結び方をひとつ間違えたり、支点をとる木の選択を誤ったりすると、大事故につながってしまうこともあるので、訓練だからといって気を抜くことはできない。

「いいか、『ひとりが落ちると、ほかの者も巻き込まれて落ちるんだ』という感覚を常に持て。われわれはひとつの部隊だと思うようにしろ」

先輩隊員からは、それを繰り返し叩き込まれる。ほかにも覚えなければならないことは山積みだ。訓練を通し、もっともっといろいろな技術や知識を身につけなければと思っている今日このごろである。

そんな新人の私でも、事故は待ってくれず、ときに現場に駆り出されることもある。

二〇一四年のゴールデンウィークの春山警備中、私は民間救助隊の方と二人で新穂高の山岳指導センターに詰めていた。ここでの主な任務は、登山者の指導、登山届や拾得物の受理などだ。通常は警察の警備隊員と民間救助隊員でペアを組み、勤務前日の夕方にセンターに入り、一泊して翌朝から勤務するというローテーションになっている。

高山署から連絡を受けたのは、センターを閉め、明日に備えて片づけをしていた午後六時過ぎごろのことだった。

「高齢の女性登山者が下山中に足を滑らせて右耳を負傷した。夫が付き添ってゆっくり下山してきているが、日も暮れたので救助に向かってほしい」とのことである。現場はわさび平小屋の上、小池新道登山口から三〇〇～四〇〇メートルほど登ったあたりだという。当事者たちとは携帯電話を通じて連絡が取れており、「自力で歩くことはできる」というので、高山署は「ゆっくりでいいから下りてきて」という指示を出すとともに、指導センターにいるわれわれを派遣することにしたのだった。

この日は昼ごろから天気が下り坂となり、連絡を受けたときは雷も鳴っていた。「今日はこんな天気だから登山者も少ないだろう」と思っていたのだが、一日の終わりを迎えるころになって事故が起きてしまった。

民間救助隊員の方と二人で警察の緊急車両に乗って左俣林道を遡っていき、わさび平小屋を過ぎたところで積雪のため行き止まりとなった。ここからは歩いていくことになる。

ところが、車から降りて数十メートルほど歩いたときに、あたりがピカッと光ったなと思った次の瞬間、目の前の谷にドーンと雷が落ちた。距離にしたら二、三〇メートルほど離れていただろうか。

そのときはまだ雷に関する知識がほとんどなく、「うわ、落ちた。めちゃ近い」と思っただけだったが、民間救助隊の方がこの気象状況のなかで行動するのは危険だと判断した。「こんなのに当たったら死ぬで」と言って車に引き返し、わさび平小屋までもどって待機させてもらうことになった。高山署には「落雷の危険があるので、しばらく様子を見る」と連絡を入れておいた。

十五分ほどすると雷は徐々に遠ざかっていったので、「そろそろ大丈夫だろう」ということで再トライすることになったが、雷は完全におさまったわけではない。遠くのほうからは雷が落ちる音がまだ聞こえてきており、心臓はバクバクいっていた。雷光が光るたびにさっとそばの岩陰に身を潜めることを繰り返しながら、ヘッドランプが照らし出す登山道を黙々とたどっていく。

三十分ほど登っていったところで、救助を求めていた老夫婦に行き会うことができた。どちらも六十代後半ぐらいの年齢だろうか。雷を恐れてか二人とも登山道に座り込んでいた。話を聞くと、奥さんが濡れた石の上に足を乗せて滑らせ、転倒して右耳を打ったという。雨具のフードを被っていたので傷は見えなかったが、傷の痛みを訴えていた。ダンナさんのほうはケガこそしていないものの、すっかり疲労困憊している様子だった。ザックは転倒場所に残し、二人とも空身で下りてきたのだが、「もうエラいです」と言っていた。

そこからは民間救助隊の方がレスキューハーネスを使って負傷者を背負い、私がダンナさんに付き添いながら励ましの言葉をかけ続けた。救助の際には声かけが大事であることは、訓練を通じて学んでいた。ダンナさんはふらふらの状態だったが、なんとか自力で歩くことはできた。

搬送を終えたときは、もう夜の十時近かった。車を停めたところには救急車が待機していて、そこで負傷者を救急隊員に引き渡した。搬送中はほとんど民間救助隊員の方が負傷者を背負ってくれたが、ちょっとは私も交代した。本番の救助で人を背負ったのは、このときが初めてだった。

翌朝、私のところに負傷者のダンナさんからお礼の電話がかかってきた。

「病院で傷を縫合しましたが、命には別状ありませんでした。どうもありがとうございました。今日、これから東京に帰ります」

それからしばらくして、わざわざ二人が神岡警部交番に立ち寄ってくれた。「どうしても直接お礼を言いたかった」のだという。

われわれ（とくに経験の長いベテラン隊員）にとっては、数あるなかの事案のひとつに過ぎないが、当事者にしてみたら忘れられない体験となるのだろう。「大変お世話になりました。本当に助かりました」と言われ、まだまだ未熟な私でも人に感謝をしてもらえるのだと感じ、山岳警備隊員としての誇りを感じずにはいられなかった。

たしかに訓練は辛いが、やりがいのある仕事であることは間違いない。隊員になってまだ二年しか経っていないが、後輩ができた今は、もう「自分はまだ新人だ」という気持ちでは通用しない。やっていく自信は少しずつついてきている。まだまだ未熟だが、生まれ育ったこの地で、警察官として、そして山岳警備隊員として、これからもがんばっていきたいと思っている。

第3章　救助活動への熱い思い

記憶に残る遭難救助

谷口光洋――高山警察署奥飛騨交番　一九五六年、岐阜県高山市出身

時間との闘い

二〇〇二（平成十四）年八月二十四日の朝、登山者も少なくなり、夏山シーズンももう終わりかと思っていたところへ、一一〇番指令が入ってきた。

「北アルプス・天狗のコル付近で男性一名が転落。両足の骨折と全身打撲で動くことができないと、通行人から連絡があった」

とのことである。転落したのは単独行者で、それをほかの登山者が目撃して通報してきたのだった。


現場は、難コースとされている奥穂高岳と西穂高岳のほぼ中間地点で、新穂高登山センターからはロープウェーを使って西穂高岳経由で約七時間、逆コースの奥穂高岳経由なら十時間ぐらいかかる場所である。いずれにしても岩場のルートなので、

当然走ったりすることはできない。このほか、上高地から岳沢経由で廃道を使うルートもあり、コースタイムは約五時間。最も早く現場に向かえるのはこのルートなので、上高地から入山することになった。

遭難者の位置は長野県との県境であるが、登山道は県境となっている稜線を縫うように続いているため、どちらの県が出動しても問題はなく、このときは最初に一一〇番通報を受理した私たち岐阜県警が出動することになった。

この日の天候は曇り。ヘリが飛べれば少人数・短時間で救助できるが、残念ながら飛べそうな条件ではない。山麓の鍋平ヘリポートまでならなんとか行けるかもしれないのガスが切れない。航空隊に出動を要請してみるが、「本日は北アルプスとの返事であった。ヘリを現場に投入できない以上、上高地から徒歩で向かうしかない。

現場までのルートは、岳沢ヒュッテまでは一般登山道だが、そこから上部は傾斜が強いうえ踏み跡もわかりにくく、落石も多いことから三十年以上も前から通行禁止となっていた。このため、ストレッチャーは使わず、レスキューハーネスで遭難者を背負って下ろすことに決めた。

新隊員二人を含めた十人は、マイクロバスで上高地のバス停まで入り、そこから岳沢ヒュッテまで標準で二時間のコースを一時間ほどで駆け上がった。ここでヒュッテの従業員ひとりが応援に加わり、総勢十一人の隊となった。

岳沢ヒュッテから現場までは、道が草に覆われていたり落石に埋まったりしており、上部にはまだ雪渓が残っていて、辛うじてルートを判別できる程度だった。そこを汗だくになりながら登っていき、一時間半ほどで遭難者の待つ天狗のコルに到着することができた。

四十代半ばの遭難者は、血の気のない表情で横になったまま震えていた。骨折しているためか両膝がだらんとしていて、頭や手なども血だらけだった。かなりの重傷を負っていることは、一目瞭然である。ただ、幸いだったのは、遭難者の意識がしっかりしていて、弱気になっていないことだった。その気丈な様子を見て、早い時間で収容できれば命だけは助かるだろうと思った。

「天候が悪くヘリが飛べないので、背負って下ろすしか方法がない。どれだけ時間がかかってもちゃんと下ろすから、あなたも大変だろうが我慢してほしい」

遭難者にそう告げると、「お世話になります。よろしくお願いします」というしっかりとした言葉が返ってきた。

負傷箇所にはいちおう包帯などで止血処置がされていたが（現場にいたほかの登山者が応急処置をしたようだ）、再度ガーゼや包帯、副木、テーピングなどで固定をした。と同時に、ルート工作のため若手隊員を先行させ、ザイルをフィックスし浮石を落としておくよう指示を出した。また、痛みで顔をゆがめている遭難者を起こし、レスキューハーネスを装着させた。

搬送ルートは斜度が急で大きな浮石が多いことから、遭難者を背負った者が後ろ向きになり、フィックスしたザイルにエイト環を連結して、懸垂下降のように下りる方法を採用することにした。それを横から支える人、もう一本のザイルで確保する人、足場を指示する人など、背負っている隊員以外の役割も多く、なによりチームワークが要求される方法である。

とにかく注意しなければならないのは、上部からの自然落石と、自分たちが起こす人為的落石、それに遭難者を背負った隊員の転倒だ。それらに細心の注意を払い、何人もの隊員が交代を繰り返しながら下っていった。なかにはひとりで三ピッチ（約一二〇メートル）も背負う、体力のある隊員もいた。

交代時には、遭難者に水を飲ませたり励ましの声をかけたりした。遭難者は痛くないはずはないのだが、決して弱音は吐かなかった。体の位置を変えるときに思わず「ウーッ」という声が漏れるが、「痛い」とは絶対に口に出さなかった。

途中の雪渓を過ぎると傾斜が緩くなり、足場もしっかりしてきたので、前向きになって背負えるようになり、下る速度も速くなってきた。

「ここは滑るぞ」「この岩は浮いているからな」「あと三〇メートルがんばれ」といった声が響く。

二時間ほど下ったところでひと休みし、日没に備えて早めにヘッドランプを装着させた。遭難者にペットボトルを渡すと、喉が渇いていたのだろう、水をゴクゴクと飲んだ。私たちも別のペットボトルの水をみんなで分け合って飲んだ。

ヘリコプターで搬送

天候は回復せず、あたりは相変わらずガスのなかである。そのなかをさらに下り続けていくと、しばらくして突然無線が飛び込んできた。

「若鮎Ⅱ号（岐阜県防災ヘリ）から現場へ。われわれは上高地上空です。警備隊の現在地の標高を教えてほしい」

これを受けて標高二四〇〇メートル地点にいることを伝えたところ、「了解。その位置だったら、あと一〇〇メートルほど標高を下げたらガスが薄くなるので、そこで遭難者を吊り上げたい。日没が近いので急いでほしい」と返答があった。

耳を澄ますと、遠く大正池方向からヘリの音が聞こえてくる。

「こんな悪天候のなかを来てくれたんだ」「あと少しがんばればヘリで収容できる」「急げ」、次々と隊員から喜びの声が上がった。

遭難者にも「もうすぐヘリが来るから」と告げ、ピッチを上げて搬送を続けること約十分、ガスが切れてヘリの音が大きく聞こえるようになってきた。

その場に遭難者を座らせ、全員がヘッドランプをヘリのほうに向けて位置を知らせると、ヘリもヘッドライトをパッシングして合図を返してきた。

「若鮎Ⅱ号から現場へ。今から現場へ入る」という無線連絡とともに、ヘリがホイストを降ろしながら、下から斜面に沿って近づいてきた。現場の上空でヘリがホバーリング態勢に入り、ホイストのフックを遭難者のレスキューハーネスに装着すれば準備完了、あとは吊り上げるだけだ。

遭難者は吊り上げられながら空中で私たちに向かって何度も頭を下げたのち、機内に収容された。その直後にヘリから無線が入る。

「隊員はご苦労さまでした。安房峠あたりのガスが切れているので、そちらから病院へ運びます」

隊員は全員、機体が見えなくなるまでその場でヘリを見送った。厳しい救助を達成した喜びと安堵から、肩を叩き合ったり握手を交わしたりしている隊員もいた。私も目頭が熱くなる。

ヘリが去ったあと、ザイルなどをザックに収納して下山をはじめ、二十分ほどで岳沢ヒュッテに到着した。小屋の中に入ると、今は亡きご主人の上條岳人さんが声をかけてくれた。

「ご苦労さま。あのルートは落石が多くて大変だったずら。岐阜の衆はほんとうによくやってくれた。今夜はここに泊まって充分休んでくれ」

それを聞いて、私たちの緊張もほぐれた。隊員はみな顔や服が泥だらけで、どこかでぶつけたのだろうか足を引きずっている人もいた。誰も大きなケガをせずにすんだのは幸いだったが、全員が疲れていたことから、上條さんの言葉に甘えてその日は岳沢ヒュッテに泊まることにした。

それにしても、もしヘリが来てくれなかったら、上高地まであと四、五時間は遭難者を背負うことになっていただろう。私たち隊員の疲労はともかく、重傷を負っていた遭難者の体力がもっていたかどうか。それを考えると、ヘリコプタークルーの粘りには頭が下がる思いだ。

荷物を片づけていると、本署から「遭難者は病院で処置を受けており、生命には異常がない」との連絡が入った。それもヘリのおかげである。夕食時には上條さんのご好意でビールなどをいただき、みんなで労をねぎらい合った。

翌朝は快晴となった。その空の下を上高地へ向けて下山した。全員が誇らしげな表情をしていたが、とくに新隊員の顔には自信がみなぎっているように感じた。

ちなみに遭難者は両足骨折、全身打撲等の重傷で、六カ月の入院を強いられた。その病床から、心のこもった手紙が届けられた。ちょっと長くなるが、以下に一部を引用する。

「八月二十四日、天狗のコルでの転落事故で救出していただいた者です。お礼が遅くなりましたが、当日の救助に関わったすべての方に感謝申し上げます。迅速な手配、懸命の運搬作業、ヘリ移送により命を拾っていただきました。

一瞬の霧の切れ間にヘリが到着、ハーネスにフックがかけられると、あっという間に吊り上げられたので、長時間背負いリレーをしてくださった十数名の救助者の方々にお礼も申し上げずに現場を離れてしまいました。ご無礼をおわびするとともに、書面で失礼ですがお礼申し上げます。

当日、松本の相澤病院へ運ばれ、九月に転院、手術。ケガは両膝の骨折・裂傷、右手の裂傷。特に左膝は骨が粉々で、ワイヤーで骨を拾ってまとめた状態です。暫く固定して結着するかどうか、リハビリ中に再分散しないかどうか、すべて運任せですが、どうなろうと拾っていただいた命を大切にする決意です。(中略)

今回の代償は、左足が満足に動かず、四カ月～一年の治療という大きなものです。人生の転機として暗く考えないようにしていますが、家族、会社にも迷惑をかけ、生活設計も大きくかわります。でも生かされた命、大切にします。

『辛くとも二度とこぼすまい拾われし命』

もし歩けるようになりましたら、出向いてお礼申し上げたいと思います。

草々

二〇〇二・九・二二
救助してくださった皆様へ」

私たちにとっては、こういった手紙はほんとうに嬉しいし、仕事の励みにもなる。とくにこのとき出動した新隊員二人にとっては、現場に向かうときの「なんとか助けたい」という気持ち、厳しい現場で救助を行なった自信、仲間との連携の大切さ、助ける喜び、救助される人の気持ちなど、いろいろ得るものが多かった救助であったと思う。

その後、遭難者の傷は全快し、会社にも復帰できたという。

余談だが、このときに現場で使用した遭難者用レスキューハーネスは、私たちが考案し、何度も改良を重ねてきたもので、松本市のヘリテイジの高橋和之社長や野中玲さんのご好意によって製作されている。それが不都合なく使われ、わずかな時間でも救助作業が短縮されたのを目にして、また別の喜びを味わうことができたのだった。

「繋いだ」と思った命

志村 哲——飛騨警察署山田警察官駐在所 一九七三年、愛知県小牧市出身

奥飛騨交番勤務からはじまった警備隊

新米隊員だったころ、私は一日も早く一人前の警備隊員になりたくて、オフの日もがむしゃらに山に通っていた。

もともとは山に興味があったわけではない。大学卒業後、東京で会社員として勤めはじめたが、仕事の内容が自分の理想とは違っていて、一年も経たないうちに辞めてしまった。

その後、プータローをしながら「自分はなにをしたらいいのか」と問い続け、一年ちょっとしたときに岐阜県警の警察官になった。やはり公務員の家庭で育ったこと、母方の祖父が警察官だったことが影響したのだと思う。実際、制服とパトカーには憧れを持っていたし、地域住民と触れ合う仕事にも魅力を感じた。それに、東

京で働いていたときに「都会は馴染まないな」ということを痛感した。自分には田舎のほうが合っているし、そういう環境で仕事をしてみたかった。

一九九九（平成十一）年に警察官を拝命して神岡に赴任し、その年の九月に警備隊員に任命された。当時は、お巡りさんが山に登るなんて、夢にも思っていなかった。登山の経験はまったくないといっていい。訓練のときに、「おい志村、ザイル持ってこい」と言われ、「すいません、ザイルってなんですか」と尋ねたくらいである。「パトカーに乗りたくて、制服が着たくてお巡りさんになったのに」というのが、そのころの正直な気持ちだった。ただ、現場からもどってきた先輩隊員の顔を見て、「うわ、遭難救助っていうのはすげー仕事だな」っていうことはなんとなく理解していた。

「だけど俺にはできないな。技術もないし」

そう思っていた矢先、多治見の管区機動隊に異動となり、隊を外れることになった。警備隊員だった期間はわずか五カ月ほど、まさしく名前だけの隊員だった。

皮肉なことに、山のよさがなんとなくわかってきたのは、その多治見に赴任していたときである。時間が空いたときに、「ちょっと山でも登ってみるか」と思いたち、近隣の里山に登りはじめたのが最初だった。

「あ、けっこういいやないの。じゃあ次は恵那山に登ってみるか」

そう思って恵那山に登り、頂上に立ってみると、遠く槍ヶ岳が見えた。そのときに思った。「なんで俺はあの山に登らなかったんだろう。神岡からはすぐそこだったのに」と。

それがきっかけとなり、「もう一度神岡を希望して警備隊にもどろう」と決めた。そうすればあの山に登れるし、憧れだった先輩たちのようにがんばれるのではないかと思ったのだ。

以降毎年、神岡への異動を希望し続け、三年後にそれが実現した。再び警備隊員に任命され、「よっしゃ、これからいっちょうやったるぞ」という気持ちで、オフのときはトレーニングに明け暮れる日々がはじまった。

当時の勤務は奥飛騨交番で、遠くから眺めていた山が目の前にあった。登山者が遠方から泊まりがけでやってきて登る山に、私は非番のときに朝起きて、天気がよければそのまますぐに行くことができるのだ。そんな恵まれた境遇にあるのに、行かないのはもったいない。いつ異動になるかもわからないので、「行けるときに行

って おこう」と思い、トレーニングのため、山を覚えるために、そして山小屋の人に顔を覚えてもらうために、せっせと山に通った。

オフのトレーニングから本番の救助活動へ

こうして一年とちょっとが過ぎた二〇〇五（平成十七）年八月二十八日、非番日であったこの日も、私は山に来ていた。奥飛騨交番での勤務が朝の八時半に終わり、車で新穂高へ向かい、行動を開始したのが十時ごろ。そのころ私がトレーニングのフィールドとしていたのは、主に新穂高から笠ヶ岳へ向かう笠新道と、鏡平・双六岳に至る小池新道で、この日は鏡平を往復するつもりだった。往復で約三時間ほどのトレーニングだが、毎回毎回、前回よりもタイムを縮めることを心掛けるようにしていた。

背負っているザックの重量は一〇キロ前後。容量五〇リットルのザックには、万が一、途中で事故現場に遭遇したときのことを考えて、救助のための標準的な装備（ハーネス、ヘルメット、カラビナ類など）を入れてあった。

空には薄く雲がかかり、爽やかな風が吹き渡るなか、順調に歩を進めていった。

楽しみは、鏡平小屋で食べる一杯のラーメン。山で食べるラーメンは美味い。トレーニングで鏡平小屋まで行ったときは、ラーメンを食べて帰ってくるのが恒例となっていた。

出発時間が遅めだったため、途中で出会うのはもっぱら下山してくる登山者ばかりである。「こんにちは」「ご苦労さま」「気をつけて」などと挨拶を交わしながら高度を上げ、秩父沢出合を過ぎ、シシウドヶ原へと差し掛かる。

そこを越えたあたりで、今までの登山者たちとはちょっと様子の違う男性三人のパーティに行き会った。年齢はみんな六十歳前後、ちょうど定年を迎えたぐらいに見えたが、実際は三人とも七十歳を越していた。三人のうちのひとりは、背負っているザックのほかにもうひとつザックを胸に抱えていた。そのうしろには、やや疲れた様子の男性がいて、さらにそのうしろに空身の男性が続いていた。問題は、最後尾の男性だった。歩く足取りはよろよろしていておぼつかなく、ちょっと歩いては休み、またちょっと歩いては休むことを繰り返していたのだ。ほかの仲間は「大丈夫か」と声をかけながら下りていたが、単なる疲労とは明らかに様子が違っていた。

腕時計を見ると午前十一時三十分。「なんかおかしいな」という違和感を感じ、今の自分になにができるだろうかなどと考える間もなく、「こんにちはー。大丈夫ですか？」と自然に声が出ていた。

「いやー、こいつがへばってね」

三人のうちのひとりがそう答えた。調子の悪そうな男性は、苦しそうな顔をしてお腹の痛みを訴えていた。「なんとかがんばって下りられる」と言ってはいるが、どう見ても自力で下りられるような様子ではなかった。楽しみにしていた昼のラーメンは、完全に頭から消えていた。

私は自分が岐阜県警の山岳警備隊員であることを告げ、リーダーと思しき男性に下山サポートを申し出ると、その男性は帽子を取って頭を下げた。

「助けてもらえるとありがたいです」

その瞬間から、オフのトレーニングは本番の山岳遭難救助活動となった。

まず私は、携帯電話で高山署に遭難事故発生の第一報を入れた。ところが、当時は神岡署と高山署が合併したばかりのころで、電話に出た相手は山のことをまったく知らなかったため、「遭難」と告げてもまったく要領を得ず、状況を一から説明するのに非常に難儀した。それでもなんとか話が通じ、先輩隊員と民間の北飛山岳救助隊員がこちらに向かってくれることになった。そのころには厚い雲が低く垂れ込めはじめていて、ヘリコプターによる救助は無理のように思えた。

とにかく応援隊が合流するまでは、ひとりで対処しなければならないのだが、まだ新米隊員の域を出ていなかったため、なにをしていいのかもわからない。そんな私に、先輩隊員の逢坂さんが、携帯電話を通していろいろ指示を出してくれた。幸いだったのは、私が本署と連絡をしているときに現場を通りかかった単独行の登山者が、「なにかお手伝いすることがあれば」と、協力を申し出てくれたことだ。

応援隊と合流するまでに少しでも歩を進めることが最良と考え、体調不良者に「がんばって自力で歩くことはできますか」と尋ねると、「ゆっくりですが、自分で歩けます」という力強い言葉が返ってきた。

こうして、要救助者に付き添いながらの下山がはじまった。単独行の男性も、われわれに付き添って下りてくれた。

背負い搬送

ところが、「自力で歩ける」という言葉とは裏腹に、要救助者は少し進んでは苦痛に顔をゆがめ、その場にへたり込んでしまう。最初は一〇〇メートルほど歩いては休んでいたのが、歩く距離がだんだん短くなっていき、しまいには一〇メートルほど歩くと座り込むようになってしまった。「がんばれ!」「座ったらダメだ」と声をかけて励ますのだが、体がいうことを聞かないようだ。

「こんな状態で、よくぞここまで歩いてきたものだ。これ以上歩かせるのは、本人にかかる負担が大きすぎる。もう限界だろう」

そう思ったが、自分ひとりでは担ぐこともできない。

時間は午後一時半。振り返って見ると、進んできた距離はほんのわずかであった。自分ではだいぶ下りてきたつもりだったが、ほとんど進んでいないに等しく、「なんだ、これだけしか下りてきてないのか」と落胆した。

さてどうするか、と逡巡していたとき、前方に救助用のレスキューハーネスを携えた先輩隊員が姿を現わした。

「あ、来た来た。よし、これで担いで下ろすことができる」

そこからは、先輩隊員と二人で交代しながら要救助者を担ぎ下ろす背負い搬送に切り替えられた。手早くレスキューハーネスを装着し、まずは先輩隊員が要救助者を背負った。私は要救助者に「ハーネスはきつくないですか」などを声をかけながら、そのあとに続いた。

背負い搬送による救助は、担ぎ手が限界までがんばってから交代すると、体力が充分に回復せず、次に担ぐときに力が出せない。このためひとり当たり数十メートル進み、まだ余力があるうちに交代するのがよしとされている。そういう意味で、多人数でのチームワークが重要となってくる救助方法なのだが、担ぎ手となる隊員は私と先輩だけ。後発の北飛山岳救助隊員と合流するまで、われわれだけで持ちこたえなければならない。

テンポよく歩を進める先輩隊員の表情はいつもより険しく、限界近くまでがんばって担いでいることが見てとれた。大きな岩があるところまで来て、先輩隊員の足が止まった。振り返ると一〇〇メートル以上進んでいた。いよいよ私が担ぐ番である。

「さぁ、がんばっていきますよ」

私は背中の男性に声をかけると同時に、自分自身にも気合を入れた。男性の体重がダイレクトに伝わってくる。

「この命、絶対に繋ぐぞ!」

力強く一歩を踏み出す。山岳警備隊員としての使命感が、背中を後押しした。通りかかる登山者や要救助者の仲間など、まわりの目もあって、テンションはおのずと上がった。火事場のバカ力ではないが、「あ、いけるぞ」と感じた。

しばらく進み、大きな岩が見えてきた。

「交代はまだ大丈夫です。次の岩まで行きます」

先輩隊員のがんばりに負けじと、前へ。自分は若い。負けてはいられない。

その後、何回か交代を繰り返すたびに、要救助者の仲間らとの距離が開いていく。私も彼らよりは速いスピードで下りていったが、先輩隊員のスピードはそれに輪をかけて速い。最後のほうは後続者の姿が完全に見えなくなるぐらいまで差が開いていた。しばらくして後発の北飛山岳救助隊員と合流すると担ぎ手は四人になり、命のリレーはさらに加速した。

「もう少しです。がんばってください」

要救助者は背負われてなお息遣いが荒く、しんどそうな表情をしていたが、安心させるために「顔色がよくなってきましたよ」「大丈夫、大丈夫」などと声をかけ続けた。その励ましに、時折、安堵の笑顔も見えた。

午後三時過ぎ、登山道が終わり、林道終点に停めた警察車両に要救助者を乗せて走り出す。新穂高登山指導センターの前で待ち構えていた救急車にバトンタッチをして、ようやくひと息つくことができた。けたたましいサイレン音が、北アルプスの山々にこだまする。その音はやがて小さくなり、あたりは再び静寂に包まれた。

しばらくして、要救助者の仲間の二人が無事に下りてきた。救助は終わった。みんなで手を叩き合って喜んだ。そのとき私が感じていたのは、「命を繋いだ」という達成感だった。

後日、私のもとに一通の封書が届いた。このとき救助した男性の仲間からの手紙だった。救助活動に対する礼状は、それまでにも何通かいただいたことがある。そのたびに、自分が山岳警備隊員であることに使命感とやり甲斐を覚えていた。

しかし、このときは違った。手紙に綴られていたのは先の遭難救助に対する謝意と、要救助者の訃報であった。あのときなんの疑いもなく「命を繋いだ」と思った男性は、後日、収容先の病院で亡くなってしまったのだった。

手紙によると、三人は大学山岳部の同期生で、八月二十三日に折立から入山、四泊五日の予定で雲ノ平、高天原、三俣蓮華岳、双六岳を巡り歩き、新穂高温泉へと下山する計画であった。要救助者の体調が優れなくなったのは雲ノ平山荘に泊まっていた三日目の朝。「胃の調子がおかしく、食欲がない」と言って朝食をとらなかったのだ。もうひとりのメンバーも体調を崩しており、結局その日は三俣山荘までしか行けなかった。翌二十七日も男性の食欲は戻らず、腹痛や吐き気を我慢しながら、十時間近くかけてなんとか鏡平山荘にたどり着いた。そして二十八日……。

「なんとか自力で下山しよう。しかしこなさなければならない高度差は900米残されている。コースタイム通りなら4時間15分でタクシーがつかまえられる。風呂など勿論《もちろん》後回し、松本の救急病院に彼を送り込もう。7時に小屋を出る。はじめて××（注：要救助者の名前）の靴の紐を私が結ぶ。小屋番達の激励を受けて歩き始めるが空身の彼のペースは今迄以上に極めて遅い。少し歩くとすぐ腰を下し横になる。日没前に下山出来るか心配になる。普通なら1時間弱で着くシシウドガ原、その少し手前を11時半頃歩いていると、一人の若い登山者が登ってきた」（同行者の

手記より）

その「若い登山者」というのが私である。

われわれが背負い搬送して下ろした要救助者は、病院に搬送されたのち、「虫垂炎」という診断を受けてその日のうちに手術が行なわれた。しかし、その三日後に還らぬ人となった。死因は、虫垂炎が原因となった多臓器不全だったという。

残念な結果に、言葉を失った。虚しい思いが、胸いっぱいに広がった。現場では最善を尽くしたつもりだった。救急隊にバトンタッチしたときに、「これで助かった」と思った。その結果がこういうことになってしまうとは、想像もしていなかった。

山岳遭難救助に携わってきて、いちばん辛いのは遭難者の「死」である。この男性は、全快したのちにまた山にもどってくる日のことを思っていたに違いない。大好きな山で死んではいけない。だからわれわれは命を繋ぐために全力を注ぐ。

明暗を分けた登山中の発症事例

逢坂宏裕樹——岐阜県警察本部　一九六四年、岐阜県郡上白鳥出身

二つの事例

志村隊員が書いている二〇〇五（平成十七）年八月二十八日の事案は、私も強く印象に残っている。

当時、私は高山に単身赴任中で、奥飛騨交番に勤務していた。ちょうどそのときは夏休みで妻と子どもがこちらに遊びにきていて、家族サービスをしている真っ最中であった。

そこへかかってきたのが、志村隊員からの電話である。トレーニングで小池新道を駆け上がっているときに、体調不良の登山者に行き会ったという。まだ隊員歴が浅いころだったので、どう対処していいのかわからず、私のところに連絡してきたのだった。

電話で状況を聞き、本署に連絡を入れ、ただちに現場に向かおうとする私に子どもは言った。

「なに、お父さん、また山？」

志村隊員らに合流したのはシシウドヶ原のあたりだった。病人は七十二歳の男性で顔色がひどく悪く、「とにかく腹が痛い」と訴えており、とても歩けるような状態ではなかった。正直、なんでもっと早く救助を要請しなかったのかと思った。

私と志村隊員は、その場から交代で背負い搬送を開始した。途中から民間救助隊員も合流したことで、スムーズかつ迅速に病人を担ぎ下ろすことができた。新穂高で救急車にバトンタッチしたときは、「もうこれで助かった」と信じて疑わなかった。

ところが後日、仲間の男性からお礼の手紙をいただき、救助したはずの人が亡くなったことを初めて知った。原因は、盲腸が破裂したことによる多臓器不全だという。もし発病したのが街中であったなら、すぐに救急車で病院に運ばれ、手術するにしても二、三日入院すれば日常生活にもどれていたであろう。だが、近くに病院もなく、救急車も駆けつけてこられない山のなかでは、そういうわけにはいかない。

体調を崩したのが二十六日の朝だというから、男性は三日間も我慢していたことになる。なにしろ盲腸が破裂していたのだから、そうとうな痛みだったはずだ。よくぞ我慢して歩けたものだと思う。当事者にしてみたら、「ほかの人に迷惑をかけたくない」「なんとか自力で下山しなければ」という気持ちだったのだろう。

ちょっと転んで擦りむいただけなのに、救助を要請してくる人もいるかと思えば、この人のように限界を超えてまで我慢してしまう人もいる。だが、我慢強かったことが逆に仇になってしまった。ただお腹が痛いだけで救助を要請するのはためらわれるところだと思うが、この男性はあまりにも長時間我慢しすぎてしまった。しかも、雲ノ平は北アルプスでも最奥の場所であり、麓に下りてくるのにふつうに歩いても二日はかかる。それを考えると、もっと早い段階で対処してもらいたかった。

その場で医者に診察してもらえない山のなかでは判断が難しい部分もあるが、判断に迷うようなときには無理せず早めに救助要請をしていただきたい。

この事案のおよそ二年後、秋山シーズンももう終わりを迎えていた二〇〇七（平成十九）年十月二十二日のことである。その日は天気もよく、たまたま非番で暇だったことから、「こんな天気のいい休みの日に、家で一日ぼーっとしているのはもったいないな」と思い、トレーニングがてら、ひとりでロープウェーに乗って西穂高岳へと向かった。

丸山から独標、ピラミッドピークを経て、山頂に立ったのが昼前後のこと。帰りに西穂山荘に立ち寄って小屋のスタッフとしばらくおしゃべりをして、午後四時半発の最終ロープウェーに間に合うように小屋を出た。

下りはじめてしばらくして、数人の登山者が立ち止まっているところに行き会った。時刻は午後三時半、場所は西穂山荘とロープウェー駅のちょうど中間地点にある水場のあたりである。登山者は四十代ぐらいの三人パーティと老夫婦の計五人で、老夫婦のほうのご主人は登山道の脇に横たわっていた。当然、素通りするわけにはいかず、「どうしましたか」と声をかけた。よく見ると、男性は脂汗を流しながら苦しそうな表情をしている。どうやら歩いている最中になんらかの病気を発症させたようである。

あとで聞いた話では、二人は観光で奥飛騨地方にやってきて、前夜は新穂高温泉の宿に宿泊。この日の朝、いちばんのロープウェーで山頂駅の西穂高口まで上がり、散策がてら西穂山荘まで行って引き返してきた。ところが、水場まで下りてきたところで、突然、具合が悪くなって歩けなくなってしまったのだった。男性に持病があったわけではなく、西穂山荘を出るまではなんの問題もなかったそうだ。そこへ三人パーティの登山者が下りてきて、「どうしようか」と話していたところに私が通りかかったというわけである。

仕事が休みのときに山に登って遭難者や病人に遭遇したのは、このときが初めてだった。男性は、意識はあるものの問いかけには微かに返答できる程度で、脈拍も早くて弱い印象だった。この状態ではとても自力で下山できそうにない。

私は老夫婦と三人の登山者に自分が山岳警備隊員であることを告げたうえで、本署に携帯から電話をして、「登山道上に病人がいる」と報告した。そこからロープウェーの山頂駅までは、ふつうに歩いて二十分ぐらいの距離である。応援を求めると、出動準備をして下から上がってくるのに小一時間はかかってしまう。だったら応援を待つよりは自分で背負ってしまったほうが早い。幸い男性は小柄な人だったので、「これならひとりで担ぎきれるかな」という計算もあった。

そうと決まればあとは実行に移すのみ。私は自分のザックを空にして、ショルダーベルトの部分にトレッキングポールを差し込んで簡易背負子とした。それに男性を座らせて背負い、搬送開始。ザックの中の荷物は三人の登山者に持ってもらい、「ロープウェーの駅舎まで行ったら、事情を話して預けておいて」とお願いした。

バランスを崩さないように注意しながらゆっくり下っていき、山頂駅には四十分ほどで到着した。ロープウェーの最終便には間に合い、男性は中間駅に待機していた救急車で病院へと運ばれていった。

翌日、用事があって本署に行ってみると、意外なことに前日に救助した男性と奥さんがそこにいた。救助が終わったあと、病院から「心筋梗塞だった」と連絡を受けていたので、しばらく入院することになるんだろうなと思っていたのだが、軽症で事なきを得、すぐに退院することができたのだという。そこで昨日のお礼にと、帰宅する途中で署に立ち寄っていたところだった。男性は思いのほか元気そうな様子で、「ほんとうにありがとうございました」と頭を下げられた。奥さんもほんとうに喜んでいた。

「自分だけは大丈夫」という錯覚

以上、登山中に病気になり、たまたま通りかかった山岳警備隊員に救助されたという、同じような二つの事例を取り上げたが、一方は亡くなってしまい、もう一方は助かるという、まったく正反対の結末となっている。その明暗を分けたものはなんだったのだろうと考えると、結局は「運」としかいいようがないように思える。

とはいえ、山に登る以上、なにもかも運頼みにするのではなく、極力リスクを避けるように心掛けることが重要になってくる。体調然り、天候然り。

ところが、登山者の多くは「遭難するのは他人の話であって、自分だけは大丈夫」だと思い込んでいる。そういう人には、自分がリスクと背中合わせでいるという自覚がない。山はさまざまな危険に満ち溢れているというのに。

私が山の救助の仕事に関わるようになったころは、「自分の足で登った以上、自分の足で下りてくる」という時代だった。警察や民間の救助隊に救助を求めるのは恥という風潮があった。だからこそ、誰もが技術と知識の習得に努めるとともに、経験をどんどん積み重ねていった。

よく言われることだが、やはり登山は自己責任で行なうものだと思う。危険回避を運頼みにせず、技術・体力・知識を高めることで、できるかぎり自分たちで山でのリスクを管理していただきたい。

それともうひとつ。ひと昔前と比べると、今は若い登山者がずいぶん増えてきているが、それでも登山人口の大半を占めているのは高齢登山者である。六十歳を過ぎてなお、登山を楽しめるのはとてもいいことだし、いい時代になったとも思う。しかし、高齢登山者のなかには、自分の体力・技術を過大評価してしまい、無理のある山・コースに出かけようとする人が少なくない。それが高齢者の遭難事故の増加につながっている。ちなみに岐阜の場合でも、二〇一四年度の遭難者一三二人のうち、半数が六十歳以上だった。

大事なのは、自分の体力や技術を正当に評価し、実力に見合った、無理のない山・コースを選ぶことである。決して水増し評価をしないように。

また、六十歳以上の年齢になると、持病のひとつやふたつは抱えているものだが、病気に対する認識も甘い。全国の山岳遭難の統計を見ても、山での病気による遭難は年々増えつつあるというのに、ここでもまた「自分は大丈夫」と思ってしまう。だが、登山は自分たちが考えている以上に体に大きな負担がかかるスポーツである。体のどこかに危険因子が潜んでいる人は、その負担が命取りになりかねないことを忘れてはならない。

忘れられない救助活動

赤堀　匠――飛騨警察署神岡警部交番　一九八五年、静岡県静岡市出身

穴毛谷の雪崩事故

山岳警備隊員になったのは、親父が静岡市の山岳連盟の遭対協の隊員だった影響が大きい。警察の仕事に山岳遭難救助があることは学生のころから知っていて、父親に「山の仕事をやりたい」と漏らしたら、「どうせやるんだったら、富山、長野、岐阜のどれかだぞ」と言われた。就職に臨んだ年、富山県警は高卒の採用枠が少なく、長野県警は気づいたらすでに募集時期が終了しており、残った岐阜県警を受けたら運よく採用してもらえた。

警察学校に入ったときからずっと「山をやりにきました」と言っていたためか、初任地は高山警察署となり、二〇〇五（平成十七）年に警備隊員に任命された。

といっても警察官になる前は専門的に山をやっていたわけではなく、親父につい

ていって登山道の整備を手伝ったりする程度だった。だからやることなすことすべて初めてであり、入隊後は道具の使い方から覚えていった。クライミングや冬山も隊に入ってから技術を習ったが、ロープの結び方を覚えるのに苦労した記憶がある。

私は、隊員となってから山でさまざまな方と知り合うようになったが、そのなかに山の事故で亡くなった方がいて、その際には大変なショックを受けた。改めて危ない仕事に携わっているんだということを実感し、そういうことが起こらないように安全確保にはいっそう気をつけるようになった。

希望して隊員になっただけに、山の仕事をやらせてもらえるのは嬉しいし充実感がある。なにより、必要とされる任務であることを実感する。曲がりなりにもこれまで十年間やってきて、遭対協の隊員らからも「赤堀が来たら楽できる」と認められるようになり、なおいっそうやり甲斐を感じられるようになっている。

さて、これまでに携わった救助活動のなかには、いつまで経っても忘れがたい事案がいくつかある。そのいくつかを改めて振り返ってみたいと思う。

まず最初に思い浮かぶのが、二〇〇六（平成十八）年四月九日に穴毛谷で起きた雪崩事故だ。私が隊員になったのがその前年の十一月で、初めて本格的な冬山での救助に関わったのがこの事例だった。実際に雪崩の現場を見たのはこのときが初めてで、先輩隊員といっしょに捜索に入ったときに、車の大きさほどの雪塊が累積するデブリのところで、「ピッケルを突き立ててみろ」と言われてやってみたら、まったく刺さらなかった。「雪崩に巻き込まれたら泳げ」というのはよく耳にしていたが、「こんなのに巻き込まれたら即死じゃないか」と思ったことを今でも覚えている。

このときは山スキーヤー四人が巻き込まれて行方不明となり、民間の救助隊と合同で大規模な捜索を行なった。横一列になってのゾンディーレンをやったり、チェーンソーを使って雪を切り出したりしたが発見できず、雪崩の危険が高いことからいったんは捜索を中断。十七日に双眼鏡で現場の状況を確認していた山岳ガイドがひとりの遺体を発見したのち、ゴールデンウィークのころから捜索が再開された。

捜索を行なうのは雪が緩む前の午前中だけ。いざというときに迅速に避難できるようにヘリで谷の上部まで上がり、上から捜索しながら歩いて下りてきた。とにかく気温の低いうちに早く決着をつけるという方針だったが、見つかったのはスキーやストックなどの遺留品だけで、遭難者はなかなか発見できなかった。

日にちの経過に従い、雪渓の大きさが徐々に小さくなっていき、場所によっては雪渓が崩れて沢の水流が見えるようになっていた。ときに心許ないスノーブリッジの上を歩かなければならず、「怖いなあ」とビビりながら通過したものだった。

その後、五月二十五日になって残る三人のうちのひとりが発見され、六月一日と十七日にもひとりずつ見つかり、長期に及んだ捜索に終止符が打たれた。この間の延べの活動人員はかなりの人数に上るはずだ。

穴毛谷は雪崩の巣としてよく知られており、二〇〇〇（平成十二）年三月二十七日にも幅四〇〇～五〇〇メートル、長さ二～三キロという巨大な雪崩が発生して砂防ダム工事現場を襲い、二人の作業員が犠牲となった。

ヘリでの春山偵察時、笠ヶ岳から弓折岳、双六岳に至る稜線の雪庇の張り出しを見ると、たしかにすごい。見るたびにいつも「これが崩れたら、そりゃ、雪崩れるよなあ」と思う。二〇〇八（平成二十）年十二月二十七日には抜戸岳の東斜面で雪崩が起こり、静岡の社会人山岳会四人パーティのうち二人が呑まれる事故が起きた。このときもゾンディーレンでの捜索を行なったが、稜線を見上げると、しっかり雪庇が張り出していた。

二〇〇七（平成十九）年十二月三十一日の槍平での雪崩事故のときは、後発の第二班として右俣を詰めて現場へ向かったが、われわれが通り過ぎたあと、うしろのほうで「どどどどーっ」という音が聞こえたので振り向いたら、一〇〇メートルほど後方で雪煙が上がっていた。みんなで「おー、雪崩れてんな」「やっぱりこえーな」などと言い合ったが、雪崩事故の捜索のときには常に二次遭難の危険を感じている。「いつまた雪崩が発生するか」という恐怖と緊張感は、何度経験しても慣れることはない。

長野県警との合同救助

年度は不明だが、穂高での夏山常駐期間中に、父親と兄の三人で奥穂高岳を登山していた小学生の男の子が、紀美子平のあたりで腰を打って歩けなくなったという事故が起きた。その第一報は長野県警に入ったのだが、現場へは穂高岳山荘が近いため、私と逢坂部長、それに穂高岳山荘の宮田八郎さんと中林裕二さんが出動していった。

現場に到着して搬送準備をしていると、間もなくして涸沢に常駐していた長野県警の山岳遭難救助隊員も駆けつけてきた。思っていたよりも早く到着したので、ちょっとびっくりした。私にとっては、初めての長野県警との合同救助である。

場所からみて穂高岳山荘に搬送したほうが近かったかもしれないが、この日は雨が降っており、また要救助者が小学生ということもあって、早く下ろしたほうがいいだろうと判断。みんなで交代で担いで上高地へ下ろした。幸い小学生のケガは大したこともなく、担がれながら隊員の背中で寝ているぐらいだった。それよりも父親のほうがだいぶバテていて、付き添っていた長野県警の隊員さんが大変そうだった。

この救助で強く印象に残ったのが、長野県警の岸本隊員の強さである。背負い搬送しているときの安定感と速さはとにかくズバ抜けていて、「すげーなあ、この人は」と舌を巻きながらあとをついていっていた。交代して自分が背負う番になると、彼のように搬送することはできず、正直「あー、自分はダメだなあ」と痛感せざるを得なかった。「もっともっと強くならなければ」と思った出来事でもあった。

上高地で子どもを救急車に引き渡したときはもう夕方になっていたので、八郎さんと裕二さんのご好意で、栃尾にある穂高岳山荘系列の宿に泊まらせていただき、翌日、みんなで白出沢を登って山荘へと帰っていった。

余談だが、穂高岳に常駐しているときには、八郎さんと裕二さんに「お前は米を食い過ぎだ」とよく言われていた。当時はまだ若かったので、たしかにご飯はいっぱい食べていた。一食あたり二、三合の米を食べていて、「それはおかしいだろ」と言われたものだった。今はちょっとは燃費もよくなって、さすがに二合も三合も食べられない。それでもいまだにこう言われている。

「赤堀君は、おにぎりがあればとりあえず動くけど、おにぎりがなくなると、とたんに動かなくなるからな」


二〇〇九（平成二十一）年九月十一日には、奥穂高岳のジャンダルムで救助活動を行なっていた防災ヘリ「若鮎二号」が、岩に接触して墜落、パイロットら三人が死亡するという、岐阜県にとって痛恨の事故が起きてしまった。

このような航空機事故の場合、必ず国による原因調査が行なわれる。その際に、事故調査官や刑事さん、航空隊の整備士らが実際に事故現場に降りて検分するのだが、みなさん登山の経験がない人ばかりである。そんな人たちが、一般登山コースでは最難といわれているルート上で調査を行なうのだから、危険極まりない。そこで最初から全員にレスキューハーネスをつけてもらい、岩場にはロープをベタ張りして通過させ、一般登山者が落石を起こさないようにルートを完全に通行止めにするなど、いろいろな面でかなり気を遣った。

山を知らない人を、危険性の高い場所で、安全に活動させることの困難さを思い知らされたのがこのときだった。また、亡くなった隊員の名前が書いてある遺品も回収したので、精神的にもけっこうキツい事案であった。

穂高の厳しい気象環境

それからおよそ三年後の二〇一二（平成二十四）年のゴールデンウィーク、このときの救助活動も、きっと生涯忘れられないものになるだろう。

穂高岳山荘に常駐していたわれわれのもとに救助要請の一報がもたらされたのは、夕食を食べ終えた午後七時過ぎごろのことであった。北穂高岳から穂高岳山荘に向かっていた六人パーティが、低体温症で行動不能になったという連絡だった。

要請を受け、まず最初にわれわれ警備隊員三人が現場へと向かったが、外は猛吹雪で、強いときは風速二〇メートルぐらいの風が吹いていた。しかも中途半端に気温が低く、みぞれ混じりの雪がジャケットに張りつくそばから凍っていくという、最悪のコンディションであった。

そのなかを涸沢岳方面に歩いていくと、上のほうでヘッドランプの光が見えた。「おるぞ」と思って涸沢岳の頂上まで行ってみると、そこには三人の登山者しかおらず、ほかの三人の仲間はまだ先のほうで救助を待っているという。このため、隊員二人がさらに先の現場へと向かい、私がそこで後発隊を待つことになった。

待つ間、移動する準備を整えさせるため、ザックからツエルトを取り出して三人に被せ、温かい飲み物が入ったテルモスを手渡した。三人とも意識はしっかりしていて、話もできる。

「これを飲んで温まって。なにか食べられるのなら、いまのうちに食べておいて。なかで着替えられるのだったら着替えて。それから手足を動かして、固まらんようにしといて」

そう指示を出して待機していると、間もなくして山荘のスタッフが二人やってきた。三人いれば、なんとか山荘までは連れていけそうだ。ツエルトのなかの三人に

「歩けますか」と尋ねると、三人も「歩けます」と言う。

ところが、いざ出発しようとして立ち上がった瞬間、三人のうちのひとりが膝からがくんと崩れ落ちた。低体温症が進行し、体が言うことをきかなくなってしまったようだった。仕方なく、自力で歩ける二人を山荘スタッフひとりに引率してもらい、倒れてしまった男性を私が担ぎ、もうひとりのスタッフに補助してもらいながら下ろすことにした。

男性は全身の力が抜けているような状態だったが、背負いはじめてしばらくは意識もあり、呼びかけにも返事をしていた。しかし、しばらくするうちに返事が返ってこなくなった。何度も「がんばらないかんぞ」と呼びかけたが、まったく反応がない。なんとか山荘まで運び込んでスタッフに引き継ぐと、すぐにハサミで服が切り裂かれ、心臓マッサージがはじめられた。

とりあえずやれることはやったが、まだほかの三人が救助されていなかった。

「悪いがもう一度行ってもらうことになるで、今のうちになにか補給しとけ」

と連絡係の先輩隊員に言われ、山荘が用意してくれた温かい飲み物を飲んだ。

「カロリーをとらなきゃいけない」と思って、なにか食べようともしたが、喉を通らなかったので、スティックシュガーをもらって無理やり流し込んだ。

再び外へ出て現場に向かおうとしたら、ほかの隊員や山荘のスタッフらが三人の遭難者をすぐ近くまで連れてきていた。それをサポートしながら順次三人を山荘に収容し、ほっとひと息ついたときに、先ほど背負って搬送した遭難者が亡くなったことを知らされた。たまたま山荘に泊まり合わせていたお医者さんが、死亡を確認したそうだ。

自分が担いで助けた人が亡くなったのは、そのときが初めてだった。たぶん私の背中で息を引き取ったのだろう。「助からなかった」と聞き、思わず涙が溢れてきてしまった。

あとから担ぎ込まれたパーティのリーダーは、重度の低体温症に陥っていた。お医者さんの話では、脱水症状がひどかったとのことで、診療所に置いてあった点滴を持ち出して対処した。現場に出て救助活動を行なった三人は、「またなにかあったら、出ていかなければならなくなるから、お前らはとりあえず寝ておけ」と言われ、横になることができた。先輩隊員は、朝までずっとリーダーに付きっきりだったようだ。

幸いリーダーは朝までに回復しており、ほかの二人も軽症ですんだ。だが、もし山荘にお医者さんと看護師さんが泊まっていなかったら、あとひとりやふたりは死んでいてもおかしくなかっただろう。

記憶に新しいところでは、二〇一三（平成二十五）年の正月の事例が印象深い。遭難者は男女三人パーティで、西尾根から西穂高岳に登頂したが、山頂直下で低体温症によりひとりが行動不能となり、元日に救助を要請してきた。通報を受け、ただちに救助活動にとりかかったものの、一日は悪天候のためヘリが出動できず、二日に隊員が西穂山荘から救助に向かったが、やはり悪天候に阻まれて現場に到達できなかった。

そして三日、私を含む五人が再度現場へ。しかしこの日も朝から吹雪が吹き荒れ、ホワイトアウトで視界もほとんどなし。強風のため体感温度も低く、とにかく寒い。そんななか、目印の赤旗を付けながら山頂へと向かったが、あまりの強風に何度か体が吹き飛ばされそうになり、そのたびに耐風姿勢をとってどうにかやりすごした。

状況は最悪である。たとえ現場まで行くことができたとしても、この悪条件下では三人を連れ帰るのは非常に困難だと思われた。その場合、とりあえず食料と燃料だけを差し入れ、隊員をひとりかふたり付き添わせて、残りの者は引き返してくることになるかもしれなかった。もしそうなったら、誰が現場に残るのか……。五人のなかで、独身だったのは私ひとりだけである。となれば、残るのは私しかない。先輩隊員からも前もって言われていた。「残すとしたら、お前かな」と。

現場に到着してみると、行動不能に陥った男性はすでに心肺停止状態で、もう硬直も始まっていた。ただ、ほかの二人に「歩けるか」と聞くと、「歩けます」という答えが返ってきた。もし二人が「歩けない」ということだったら、私がいっしょにテントに残ることになっていただろう。現場の状況から、心肺停止の人を搬送することはとてもできなかったので、かわいそうだが後日条件のいいときにピックアップすることにして、その場に残してきた。下山中、相変わらず風は強かったが、天候は回復傾向にあり、雲の切れ間からきれいな青空が時折のぞいていた。

心肺停止の遭難者は、天候が回復した五日、ヘリコプターで麓に搬送され、死亡が確認された。

このとき救助された遭難者のひとりは、「十年ほど前に西穂高岳を登った経験から、下山するより登頂して先に進む方がいいと思い、登山を続行した」と述べたという。しかし、自分で大丈夫だと思っている状況は、案外大丈夫ではないことのほうが多い。「これぐらいなら行けるだろう」というのは、「たぶん行けないよ」と同じ意味だと思う。頂上を踏みたいという気持ちはわかるが、悪天候のなかで無理しても楽しくはない。そういう気持ちでいたほうが、もっと楽しく安全に山に登れるのではないだろうか。

危険と背中合わせの救助活動

大森　亘――高山警察署奥飛騨交番　一九七七年、岐阜県岐阜市出身

滝谷での遭難事故

私は二〇〇六（平成十八）年に岐阜県巡査を拝命し、翌年春、岐阜県警察山岳警備隊員に任命された。

登山は大学に入学したときにワンダーフォーゲル部に入部してはじめていた。当時、憧れていたのが、山学同志会の登山家の小西政継さん。ワンゲルでは夏山登山が中心だったので、小西さんのように岩登りや冬山もやりたいと思い、地元の社会人山岳会にも所属した。大学卒業までの二年間、そこで岩登りや冬山をひととおりやって、登山の基礎を学んだ。多くの人たちから教えを受け、山でさまざまな体験をさせてもらい、それらが今も私の宝となっている。

大学卒業前、ガッシャーブルムの遠征隊に参加し、登頂はできなかったが標高七

〇〇〇メートルまで達することができ、ひと区切りついたような気持ちになった。

大学卒業後に山岳会をやめ、就職して会社員となり、山とは遠ざかっていった。その後、警察官として働きたいと思うようになって、二十八歳のときに警察官になった。最初に配属されたのが高山署で、山岳の仕事に触れる機会があり、「警備隊の仕事をやってみるか」という話をもらったのが、警備隊員になるきっかけだった。

学生時代に山をやっていたとはいえ、趣味の登山と救助のための登山はまったく違うしブランクもあったので、技術や知識は一から覚え直した。

山がなければ今の私もない。今は山を教えてくれた先輩たちに感謝し、山岳警備隊員として社会に貢献することが先輩たちから受けた恩に報いることになると信じ、また人命救助という崇高な使命をおびた警備隊に誇りを持って仕事を続けている。

さて、われわれ山岳警備隊は、毎年七月の中ごろから八月の盆過ぎまでの間に実施される夏山警備期間中、穂高岳山荘において夏山常駐警備を行ない、登山者指導やパトロールなどを実施している。また、民間の北飛山岳救助隊との合同訓練を定期的に実施し、お互いの技術の確認を行ない、合同で山岳警備にも当たっている。

こうした活動を通し、先輩隊員や山荘の従業員の方たちから山岳救助のなんたるかについて学んでいった。なかでも救助の体験談から得られる教訓は多く、実際の現場で活かされている。これまで大きなケガもなくやってこられたのも、先輩たちの指導があったからにほかならない。

私が日本でいちばん好きな山は穂高岳である。前述した小西政継さんの本のなかに、「冬の穂高の滝谷で訓練をして海外の山に挑戦した」という記述があった。当時は小西さんのように強い登山家になりたいと憧れると同時に、「滝谷で自分が同じことをしたら死んでしまうだろうな」という恐れを強く感じていた。滝谷は、憧れはしていたが、まだ怖くて近寄りがたい存在だった。

それから十数年が経ち、岐阜県警の山岳警備隊員として、その滝谷で救助活動を行なうようになるのだから、人生は不思議なものである。

四年前の夏山警備の終盤、滝谷で遭難事故が発生した。事故の発生を知ったのは、夜自宅で休んでいたときだった。携帯電話に本署から着信があり、嫌な予感を覚えつつ出てみると、案の定、「滝谷の第一尾根で遭難があったから、現場に行ってくれ」というものだった。「現場は尾根」というが、実際は傾斜の強い壁である。「簡単に言わないでほしいなあ」と思いながらも、このような仕事を任せてもらえることを内心嬉しく感じていた。滝谷はプライベートで二回ほど登っていたが、救助のために滝谷に入るのはこのときが初めてだった。

翌日、現場付近の天候は安定せず、午後になって県警航空隊の「らいちょうII号」に搭乗し、北穂高岳に向かった。山頂付近は悪天候のため、北穂高岳の南稜に降下し、まずは北穂高小屋へ行って、救助作業の段取りについて山小屋の従業員と打ち合わせを行なった。

小屋には救助要請に来た遭難者の仲間三人もいた。遭難者には仲間がひとり付き添っているという。遭難者は五人パーティで第一尾根を登攀中、うっかり浮石を掴み、これに手を挟まれ負傷、登攀不能となり途中のテラスでビバークしているとのことだった。

現場へ行くには、小屋から踏み跡を下っていき、壁の上部から懸垂下降してアプローチするのが早くて安全だという。ルートにはすでに従業員の手によってフィックスロープが張られており、遭難者のもとへは昨日のうちにビバークに必要な食糧や飲み物も届けられていた。遭難者が凍えることなく体力を温存することができているのは、山荘の従業員たちのおかげだった。あとは遭難者を安全な場所に移動させるだけである。

現場へは上司ら三人と向かい、一時間ほどで到着した。五十歳代ぐらいに見える遭難者は、テラス状の岩場の上にツエルトを張り、仲間といっしょに救助を待っていた。負傷箇所には応急処置がされていたが、指が一本潰れているという。気丈に振る舞ってはいるものの、その表情からは痛みに耐えていることがひしひしと伝わってきた。

一刻も早く治療を受けさせてあげたいと思うが、現場周辺は急峻な崖であり、手に重傷を負っている者を脱出させるにはそうとうな困難が予想された。当初はヘリによる収容を計画していたが、周辺には濃い霧が立ち込めており、とてもヘリが現場に近づける状態ではない。となれば、天候が回復するまでその場で待機するしかない。

しかし、日没近くになっても天候は回復しなかった。航空隊からの連絡によると「明日は天候が回復するかもしれない」という。日没間際となったこの時点で、急峻な岩壁で人力による負傷者の引き上げ作業を行なうのは大きなリスクが伴う。それよりは明日の天候の回復を待つほうがいいと上司が判断し、遭難者らとともに現場でビバークすることになった。

このとき、遭難者らがもうひと晩ビバークするための食料や水などを置いて、われわれは小屋にいったん引き揚げるという選択肢もたしかにあった。実際、ビバークを想定した装備は持ってはいたが、自分たちもビバークすることになるとはあまり考えていなかった。しかし、現場に入って環境の悪さ（風が強い、気温が低い、落石の危険が高いなど）を目の当たりにすると、自分たちがそばにいて遭難者らの安全を確保するのがよりベターな対応だと思えた。なにより、負傷者の顔を見たら、「もうひと晩、そこでがんばりなさい」と突き放すことはとてもできなかった。

上司は負傷者と、私は遭難者の同行者とそれぞれツエルトをかぶり、ビバークの態勢に入った（もうひとりの隊員は、無線連絡要員のため小屋にもどった）。遭難者にとってはふた晩連続のビバークである。夏とはいえ標高は三〇〇〇メートル近くあるので気温は低く、前日の濃い霧はときに雨となって彼らの体を濡らしていた。しかも、「鳥も通わぬ……」と形容されるぐらい険しい場所である。このときの遭難者は、肉体的にも精神的にもさぞ辛かっただろう。

私にとっても厳しい場所でのビバークはこのときが初めてで、その夜はとても長く感じられた。寒さのためにウトウトするだけで熟睡することはできず、何度も時計を見た。そのたびにいくらも時間が経っていないことを知り、がっかりすることの繰り返し。聞こえるのはツエルトを打つ風の音と、同行者の息遣いだけ。たまに落石の音が響いてきて、正直「帰りたい」と思った。

しかし、弱気になっていては救助などできない。「寒いけれど真冬の稜線でビバークするよりはマシだ」と、もっと悲惨な状況を想像してみたり、「小西さんの本に書かれていた、あの滝谷で今自分は仕事をしているんだ」と思ったりして、自分を奮い立たせた。また、時間は充分にあったので、この危機的状況から遭難者を安全に連れ出すにはどんな方法が最良なのかを考えたりもした。

ようやく外が薄ら明るくなってきたが、大して気温は上がらず、寒さが体にこたえた。それでも遭難者はふた晩目のビバークも乗り切り、比較的元気な様子だった。それを見て、私も元気づけられた。

しかし、霧は相変らず濃いままで、ヘリによる救助はとうぶん期待できそうになかった。天候の回復を祈って昼ごろまでは待機していたのだが、状況は好転しない。このまま待機を続けると、今日もまたビバークになってしまう可能性もある。私も

「遭難者に三晩目のビバークをさせる選択肢はないな」と思っていたところ、上司が「待機はやめて、遭難者の体力が残っているうちに北穂高小屋まで連れていく」と決断した。その方針を本署と北穂高小屋に伝えて救助方法を検討した結果、山小屋のスタッフに現場上部に引き上げシステムを作成してもらって、順次遭難者を引き上げていくことになった。

しばらくして引き上げ準備が整い、上からロープが降りてきた。遭難者に装着したハーネスにそのロープを結び付け、上部に向かって、「準備完了！」と合図を送る。ロープは徐々に緊張を高め、遭難者の体が宙に浮きはじめた。上部の様子は見えなかったが、聞こえてくるかけ声や緊張したロープの細かな揺れを通し、全力でロープを手繰っている必死さが伝わってきた。遭難者は手に重傷を負っているにも拘らず、ロープが引かれるタイミングに合わせてバランスよく壁を蹴って体を弾ませ、少しでも引く者の負担を軽くしようとしてくれた。

作業はスムーズに進行し、遭難者が安全なバンドに取り込まれたのを確認できたときは、前夜のビバークの疲れも一気に吹き飛んだ。ふた晩のビバークでかなり体力を消耗していた同行者も同様にして引き上げ、夕方までにはどうにか遭難者を北穂高小屋に収容することができた。

滝谷を知り尽くし、卓越した救助技術を持っている山小屋の従業員たちといっしょに仕事ができたこのときの体験は、私にとって非常に貴重なものであった。

翌日、遭難者に付き添って上高地へ下山する途中、涸沢の診療所に立ち寄って遭難者のケガの具合を診てもらった。遭難者はひどく痛そうな様子であったが、「ケガが治ったらまた山に登りたいから、リハビリしなきゃなあ」などと気丈に振る舞っていた。自分が起こしてしまった事故については強く責任を感じていたようだが、彼は決して弱音を吐かず、終始前向きだった。それは、私たちに対してこれ以上の心配や迷惑をかけさせまいとする、彼なりの心遣いだったのだろう。

後日、この遭難者が私たちのもとにお礼を言いにやってきてくれたときも、指を一本失ったことにもめげず、「ケガが完治すればまた山に登る」と話していた。内心「懲りない人だなあ」と思いつつも、元気な姿が見られて嬉しかった。

われわれ山岳警備隊は、その責任と使命感にもとづいて職務に就いており、見返りを求めたり、誰かにほめられたり、感謝されたくて仕事をしているわけではない。とはいえ、傷も癒えて元気になった遭難者から直接感謝の言葉を言われることは、とても嬉しいことだし、モチベーションにもなる。自分が犯した失敗や誤りを素直に認めて反省し、それを活かしてまた山に登れるようになってくれれば、われわれとしても救助をした甲斐があるというものだ。

遭難者のなかには、自分が招いた事故であっても、「救助してもらって当たり前」「自分が助かればそれでいい」などと思っている身勝手な人たちがいるなかで、今回の件はいい思い出となった。

危険な山岳地帯での救助活動は、警察だけで行なっているわけではなく、民間の救助隊や山小屋関係者等の有志による協力があって、初めて実施できるのである。しかし、そうした百戦錬磨の強者《つわもの》にとっても、ときに救助は命懸けになることもある。遭難して救助を要請することが、他人の命を危険に晒《さら》しているということを、登山者の皆さんに知ってもらいたいと思う。

限界ぎりぎりの救助で考えたこと

もうひとつ、強く印象に残っているのは、赤堀隊員も書いているが、二〇一三(平成二十五)年の正月、低体温症と凍傷により西穂高岳の山頂付近で行動不能となった登山者三人パーティが救助を要請をしてきた事案である。

天候がよければヘリでの救助が行なえるのだが、あいにくの悪天候でヘリは出動できないという。遭難パーティは幕営してビバーク態勢に入っているとのことだったが、いつ天候が回復するかわからない状況のなかで、いつまでもビバークを続けさせるわけにはいかない。なんとかして、彼らが力尽きる前に助け出してあげたかった。

夕方近くに一報を受けたわれわれは、新穂高から西穂山荘を経由し、稜線伝いに山頂に向かうことにした。しかし、いざ入山してみると、降り続ける雪と横殴りの風でほとんど視界はなく、油断すれば強風に体を吹き飛ばされそうになった。結局、その日は山荘からほとんど進むことができないまま日没を迎え、初日の救助はやむなく中止になった。

翌日は態勢を立て直し、警備隊員五人が山頂に向かった。天候は相変らず悪いままで、視界がほとんどないためお互いをロープで結び合ってはぐれないようにした。

吹雪のなか、見えるのは足元だけだったが、西穂山荘のスタッフが登山者のために設置してくれていた赤旗が目印となり、辛うじて進むことができた。

独標に着くころには徐々に風雪が弱まり、いくらか行動しやすくなったが、そこから上は地形が複雑になり、足場も悪くなる。急峻な雪壁をトラバースし、アイゼンさえも滑る岩稜を越え、張り出した雪庇に注意を払いながら、遭難者たちが待つ山頂に少しずつ近づいていく。バランスを保持するため雪に突っ込んだ手は、グローブをしていても指先の感覚がなくなり、ゴーグルは凍って使い物にならなくなった。かといってゴーグルを外せばまつ毛に氷の塊がぶら下がり、目を開けていられなくなる。

そうした状況から、「遭難者が自力歩行不能だとしたら、帰りはかなり厳しい」と感じていた。最悪の場合、食糧や燃料だけを置いて、そのまま遭難者を現場に残して帰ってくることになるかもしれなかった。だが、置いて帰ってくることができるのか。なんと説得して現場を離れればいいのか。もし遭難者に「置いていかないでくれ」と泣きつかれたら、突き放してでも帰ってこられるのか。

そんなことを考えながら登っていくうちに、ようやく現場に到着した。遭難者たちは山頂直下の風を避けた場所にテントを設営していた。三人のうち二人は、疲れた様子ではあったが、自力歩行可能で、「一刻も早く下山したい」と言った。もうひとりは、残念ながらすでに心肺停止の状態であった。

本署に状況を報告すると、「残りの遭難者に同行し下山せよ」との指示があった。それを聞いて、もしビバークを続けさせることになった場合、遭難者たちを説得する自信がなかった私は心底ほっとした。

二人は凍傷を負っていたものの、下山を開始してみると、乏しい食糧と燃料で数日間ビバークしていた影響をそれほど感じさせることのない足取りだった。われわれは二人のうちのだれかが途中で力尽きてしまうのではないかと、最悪の状況を想定していたが、それも杞憂に終わった。

あの悪条件のなか、問題なく下山できたのは幸運だった。しかし、もしより困難な事態が発生していたら……。それでも遭難者を救助することができたのか。あるいは自分たちは無事下山できたのか。今でもそれを考えることがある。

山岳救助の現場では、遭難者はもとより、救助に向かうわれわれ警備隊員も命を危険に晒している。実際の現場を経験するたびに強く思うのは、「二重遭難」は身近にある現実的なものだということだ。ただし、二重遭難は絶対に起こしてはならないし、われわれも起こさないように努力を続けていかなければならない。

登山者も同じだと思う。遭難事故は他人事と思っている人が多いように感じるが、決してそんなことはない。まずはそのあたりの認識を改めてもらうことが、事故の防止に繋がるのではないだろうか。

下山か停滞か。的確で素早い状況判断

廣田将海——飛騨警察署河合駐在所　一九八〇年、大阪府出身

私が警備隊員になったのが二〇〇五（平成十七）年八月で、その翌年の七月、初めて夏山警備に当たっていたときの話である。

夏山警備の業務は、新穂高の登山指導センターに詰めての登山者指導や登山届の回収などを行なう部隊、穂高岳山荘に常駐して遭難救助活動や事故防止の指導にあたる常駐隊、縦走登山を行ないながら山岳パトロールにあたるグループの、主に三つに分かれている。私はその日、警察官二人、山岳救助隊員二人のメンバー計四人で山岳パトロールに出発した。新穂高から双六岳を経由して槍ヶ岳に向かい、再び新穂高にもどる二泊三日のコースである。

パトロール一日目は小池新道を上がって双六小屋に宿泊。二日目は西鎌尾根経由で槍ヶ岳山荘へ。この二日間は天候が安定していたため、ほかの山域も含めて遭難事故もなく、仕事でありながら気持ちよく山を歩くことができた。山が好きで警備

隊員になった私にとっては、充実したパトロールであった。

そんなパトロールが一変したのは、最終日の三日目のことである。前日の夕方から雲が出てきたので、「明日は荒れるやろな」という話をしていたら、夜から雨が降りはじめ、翌朝起床したときにはかなり激しい雨が降っていた。まだ夏の早い時期だったので、満杯状態というほどではなかったが、槍ヶ岳山荘にはかなり多くの登山者が宿泊していた。その登山者はみな、テレビで放映される天気予想に釘づけであった。

朝食が終わってしばらくするうちに、準備を終えた登山者が三々五々、雨のなかを出発していった。われわれも、小屋にいた登山者がすべて出払った午前九時ごろから行動を開始し、飛騨乗越への稜線をたどりはじめた。パトロール中に山小屋に泊まったときは、登山者全員が出発し終わってから活動を開始するのが基本である。われわれが登山者の最後尾につく形で進んでいって、途中でなにかトラブルを抱えている登山者に行き会ったら対処するというわけだ。

飛騨乗越へは横殴りの強い雨に打たれながら到着し、そこから槍平小屋を目指して飛騨沢を下っていった。このときすでに登山道のいたるところで雨水が川のように流れていて、まるで沢のなかを歩いているような感覚だった。

当時はまだあまり山の知識がなかったのでよくわからなかったが、右俣に流れ込む南沢や滝谷、白出沢などは、ふだんは細い流れなのに、大雨が降ると水量が一気に増えて川幅が二〇メートルぐらいになってしまう。このときも、出発前に先輩隊員が「今日は下りれんかもしれんな。槍平小屋まで行けたら御の字やな」という話をしていた。下っていったら案の定である。

この時点で先輩隊員は、この先の右俣の各枝沢が増水していて徒渉は困難だろうと予想し、「本日は槍平小屋で宿泊。翌日以降、下山する」と決断、無線でそれを指導センターの隊員に伝えた。

水が流れる飛騨沢を下り、間もなく槍平小屋に着くかと思われたところで、前方を中年の五人パーティ（男性三人、女性二人）が歩いているのが目に入った。そのメンバーのひとりの女性の足取りがおぼつかなく、よろよろしては何度も尻餅をついていた。登山道に水は流れていたが、そんなに足場が悪いわけでもない。疲れからだいぶ足にきているようであった。

先輩隊員に声をかけるよう促された私が、パーティのリーダーと思われる男性に声をかけてみたところ、その女性は前夜から体調を崩しているという。以降、われわれが付き添いながら下りていき、女性もなんとか自力で歩き通し、昼前には槍平小屋にたどり着くことができた。小屋には、ほかにも何組かの登山者が停滞していて、天候の回復を待っていた。

「こういう状況では下れそうにないので、われわれは今晩ここに泊まります。皆さんもそうしたほうがいいですよ」

先輩隊員が先のパーティのリーダーにそう言うと、彼らも「そうですね。泊まることにします」と了承した。

だが、大事に至らずによかったと思っていたのも束の間であった。

小屋に着いてひと息入れ、宿泊手続きをする合間に天気予想を確認してみると、今後三日間は降雨が続くという予報であった。「これは小屋での停滞が長引くな」と先輩隊員と話していたところへ、先程のパーティのリーダーがやってきた。

「女性の体調が思わしくなく、どんどん悪化しているみたいなんです。どうしたものでしょうか。もし下ろせるのなら、なんとか下ろしてもらえないでしょうか」

そう言われてすぐに女性の容体を確認してみると、たしかに呼吸が乱れがちで、小屋に着く前よりも調子が悪そうに見えた。それを見た先輩隊員は、民間の救助隊員と協議し、今からすぐに下山を試みることを決定した。

もちろん、この悪天候ではヘリを飛ばすことはできない。

「あの女性はただ疲れているだけだろう。体調が悪いなら、この悪天候のなかを無理して下山させずに、なおのこと小屋で停滞すればいいのに」

私は内心そう思っていたが、先輩隊員が決断したことに異を唱えるわけにはいかない。

だが、先に述べたとおり、右俣沿いの登山道は増水の危険性が高まっている。槍平小屋のすぐ下を流れる南沢は、すでに渡るのが難しい状況になっていた。南沢がそうならば、その先にある滝谷白出沢などは絶対に渡れるはずがない。

ただ幸いだったのは、ちょうどこの年に、中崎尾根の奥丸山を経由し左俣へ至る奥丸新道が開通していた。このルートの途中には大きな沢がほとんどない。最初に右俣の本流さえ越してしまえば、あとはスムーズに奥丸新道をたどっていけるはずだ。

先輩隊員が決断を急いだのは、時間が経てば経つほど、その右俣の水かさが増し、渡れなくなる可能性が高まるからだった。

「今だったらまだザイルを出して渡れるはずだ。とにかく行くだけ行ってみよう。もしそれが無理だったら、小屋まで引き返してきて停滞するしかない」

そう決めたからには急ぐしかない。再び準備を整え、小屋をあとにする。体調がすぐれない女性は、相変わらずふらついてはいたが、まだどうにか自力で歩くことができた。

問題の右俣本流は、雨による増水で水かさは増していたが、先輩隊員の読みどおりザイルを使えばなんとか渡れそうだった。

まず先輩隊員がザイルを結束して先に徒渉し、ザイルを固定後、ひとりづつ流れを渡っていった。この徒渉の間にも、最初は膝ぐらいまでだった水位が、見る見るうちに股下近くまで上がってきた。女性にはレスキューハーネスを装着し、私が補助でついて渡らせた。

右俣を無事徒渉し終えたわれわれは、奥丸山を経由し、奥丸新道をたどって左俣に下り、わさび平小屋で指導センター勤務の隊員と合流した。そこから女性は車で病院へと搬送されていき、私の初レスキューは無事、完遂したのであった。

のちに先輩隊員からは、槍平小屋で停滞をしなかった判断について、「女性の病状が、高山病による肺水腫の疑いがあったため」と聞かされた。もしあのとき停滞という判断をしていたら、その後三日間天候が回復せず小屋に閉じ込められている間に、女性の症状が悪化し、取り返しのつかないことになっていたかもしれない。それを考慮しての、「早期下山」という判断だったのだ。

その後しばらくして、パーティのリーダーから一通の手紙が届いた。そこには、女性は大事に至らず無事回復した旨と、われわれの救助に対する感謝の言葉が綴られていた。

私にとってこの事例が印象深いのは、学生時代に沢の恐ろしさを身をもって体験していたからである。大学のときに私が所属していたワンダーフォーゲル部では毎年、沖縄の西表島に行って沢登りをするのが恒例となっていた。入部してまだ間もない一回生のとき、ピナイサーラの滝からマヤグスクの滝への縦走中にゲリラ豪雨に遭遇し、そのなかで計画を強行していたところ、先輩が流されてしまうという事故が起きた。ふだんは足首ぐらいまでしかない水位が胸ぐらいまでの深さになっていたから、あれは明らかに強行した部長の判断ミスである。流された先輩は、そこから一・五キロほど下流で自力で岸に這い上がり、奇跡的にことなきを得た。

その経験とこの事例がオーバーラップし、なおさら印象に残ったのだろう。

山岳遭難救助は、天候や人員、装備など、ひとつとして同じ現場はなく、そのときどきの状況に応じた的確で素早い判断が求められる。無理なことはすべきではないが、できることはしなければならない。その判断はほんとうに大事だし、また難しい。

私もそのような判断ができるように、よりいっそう技術の向上に努め、遭難者はもとよりわれわれ警備隊員の安全までをも確保したレスキューを心掛けていきたいと思っている。

第4章 ヘリコプター・レスキュー

ヘリコプターによる遭難救助

岩津　宏――航空隊パイロット　一九六一年、岐阜県関ヶ原町出身

初めてのヘリ・レスキュー

岐阜県警に航空隊が発足したのは一九八四（昭和五十九）年七月のことである。その翌年の四月に私は岐阜県警の警察官になった。

航空大学校を卒業した私は、岐阜県警に航空隊ができるという話を聞き、「航空隊の要員として採用してもらえないか」と打診したのだが、すでに採用は終わっていた。それでも諦めず、チャンスがあれば航空隊に入りたいと思い、岐阜県警の採用試験を受けたのだった。

そのチャンスは警察官になって四年後に巡ってきた。当時の航空隊の隊長が間もなく定年を迎えるにあたり、操縦士要員を確保しなければならなくなり、飛行機の資格を持っていた私が航空隊に入れることになったのである。

といっても航空隊で操縦するのは航空機ではなくヘリコプターなので、一年四カ月間におよぶ訓練を受けたうえで、新たにヘリコプターの免許を取り直さなければならなかった。航空機と異なるヘリコプターの最大の特徴は、「空中停止する（ホバーリング）」という操作があることだ。これがとても難しく、うまくピタッと停止させることができない。「ヘリコプターの操縦って難しいな」と実感したのが、この訓練期間だった。

警察の航空隊の任務は、ヘリコプターによる災害出動、ヘリコプターテレビでの撮影・情報収集、事件や事故の初動・捜査活動、産業廃棄物や盗難車の上空からの監視、交通渋滞調査など。そのなかのひとつが、言うまでもなく山岳遭難救助である。

お恥ずかしい話だが、山岳遭難救助が航空隊の任務のひとつであることを知ったのは、航空隊に配属されてからのことだった。そもそも警察の航空隊が具体的にどのような活動をしているのかさえよくわからず、「人を救う」「犯罪者を捕まえる」といった漠然としたイメージしか持っていなかった。

航空隊に入隊して一九八九（平成元）年にヘリの免許は取ったものの、機長として初めてレスキューに出動させてもらえたのは、八年後の一九九七（平成九）年のことだった（北アルプスでのレスキューに出動できるようになるにはもっと時間がかかる）。場所は白山山系の笈《おいづる》ヶ岳。単独登山者が道に迷って救助要請が入り、私と訓練中のパイロットと整備士の三人が初代「らいちょう」に搭乗して現場へと向かった。

初出動ということで、「任されて嬉しい」「腹を据えてしっかりやらないかん」と張り切ってはいたが、日没が間近で捜索時間が限られており、「見つからなかったら諦めて帰ってこい」という指示も出ていた。それでもどうにか日没間際に遭難者を発見し、無事ホイストで救助することができた。ただ、このときは降下要員がいなかったので、スピーカーで指示を出しながら遭難者を吊り上げたのだが、今思えば安全確認が不充分だった点もあり、反省しきりである。航空隊にもどるときはすでに真っ暗で、天候もあまりよくなかったが、航空基地の上司らのサポートによってなんとか帰隊できた事案であった。

その初出動から二十年近くが経ち、今こうして安全運航を続けながら救助活動を遂行できているのは、これまでにご指導・ご支援をいただいた諸先輩方や同僚、山岳警備隊員や民間救助隊員、山小屋関係者、地元住民の方々をはじめとする多くの方々のお陰だと思っている。

さて、航空隊の活動においての最優先事項は、当然のことながら「航空安全の確保」である。ひとたび事故を起こせば、被災者や遭難者を助けることができないばかりか、乗務員や搭乗者の命を奪うことになり、彼らの家族を悲しみの底に落とすことになる。場合によっては地上の人家等に大きな被害を与えることもあるだろうし、警察に対する信頼も大きく損なわれてしまう。

だからわれわれにミスは許されない。しかし、ミスを限りなくゼロにすることはできても、人間である以上、ゼロにすることは不可能だ。訓練中に上司から厳しく指導を受けた経験は数知れない。救助活動中に天候が急変してひやっとしたことも何度かある。北アルプスでの救助活動中、忘れることのできない「神様に救われた」と思った出来事があった。このとき、なんとか遭難者を救助することができたのであるが、改めて「絶対に事故を起こしてはならない」ということを心に誓うとともに多くの方々に守られていることに感謝した。

訓練を通して山を知り、己を知る

救助活動中の航空機事故・二重遭難を防ぐために、われわれは平素から厳しい訓練を積み重ね、出動時には入念に危険要素を排除するとともに、不測の事態に備えた対応策を立てて任務に臨んでいる。とはいえ、山岳地——北アルプスや白山、御嶽山など三〇〇〇メートル級の山々——での救助活動は、航空隊の任務のなかでも最も過酷なものであり、毎回大きな危険を背負いながら行なわれることになる。

山岳地での救助活動の難しさとしてまず挙げられるのは、風や雲などの気象的な条件である。山は「常に」と言っていいほど強風が吹いており、場所によっては乱気流が渦巻いていたりもする。また、山岳地ならではのガスも大敵で、ガスが流れるタイミングを見ての「今なら大丈夫」という見極め・判断が非常に難しい。大丈夫だと判断して現場に隊員を降下させたとしても、またガスが流れてくることもある。そうすると隊員をその場に置き去りにすることになってしまう。万一そうなっても命だけは守れるように、降下隊員には「ピックアップできなくなったときのために、ビバークできるだけの装備は持って降りてくれ」とお願いするようにしている。さらに、切り立った岩場や狭い谷筋、落石や雪崩などの地形的条件や、ヘリの性能的なもの（高度が上がれば上がるほどヘリのエンジン性能は低下する）にも大きく左右されるし、日没間際に救助できるかどうかの判断も難しいところだ。

そんなわれわれの活動実態を知って、ラインパイロットである航空大学校の同期生は私にこう言ったことがあった。

「俺たちは安全に守られて運航しているが、北アルプスでの山岳救助に携わっている岩津たちは、自ら危険のなかに入っていって運航しなければならない。これは大変な仕事だよ」

山岳地の厳しい条件下でも、安全確実に活動するために最も重要なのは、「山を知ること」「己を知ること」だと思う。

まずは相手を知らないことには勝負にならないし、知らないまま飛び込んでいくのは無謀としか言いようがない。ましてや山の救助活動が同じ環境下で行なわれることは絶対にありえない。だからこそ、何度も何度も訓練をし、しかも厳しい条件下での訓練を何度も繰り返し行ない、相手を知ること、すなわち「山を知ること」が大切になってくるのである。

岐阜県警航空隊では、災害派遣訓練、水難救助訓練、夜間の離着陸訓練などを定期的に行なっているが、なかでもいちばん重点を置いているのが北アルプスでの山岳遭難救助訓練だ。これは航空隊の隊員だけで行なうもので、離着陸とホバーリングの訓練が中心になる。離着陸訓練は穂高岳山荘や槍ヶ岳山荘、双六小屋、笠ヶ岳山荘などに協力を得て、登山者の少ないときや冬場にヘリポートを使わせてもらっている。ホバーリングからのホイスト訓練は天狗のコルなどで行なうが、条件がいいときは滝谷に入ることもある。そのほか、警備隊との合同訓練は月一回、民間救助隊とは年一、二回、各方面隊との訓練も定期的に行なっている。

こうした訓練を通して、われわれは「相手を知る」と同時に、「己を知ること」にもなる。私の同期生が述べたように、われわれの仕事は自ら危険な環境下に飛び込んでいって行なうものである。そして目の前に救助を求めている人がいれば、なんとかして助けたいと思うのが救助に携わる者の心情だ。助かる命は助けたいし、当然、そのためには最善を尽くしてやれることはすべてやる。決して後悔だけはしたくないと思っている。

しかし、航空機事故や二次遭難を起こしてしまったら、遭難者を助けることができないばかりか、新たに犠牲者を出すことになってしまう。それだけは絶対に避けなければならず、ときに「進むべきか待つべきか」の非常に難しい判断を迫られることもある。

たとえば、「どんな危険要素があるのか」「この条件なら救助できそうか」「できなければ、なにかほかの方法で救助できないか」「天候回復を待つか」「隊員の降下地点を変更するか」「燃料あるいは搭乗者を減らして行なうか」「緊急時にはどう対処するか」などなど。これらの判断に間違いを生じさせないようにするには、訓練や実践経験を積み重ねることによって自分自身の能力をしっかり把握しておくこと、つまり「己を知ること」が重要になってくるのである。

それを踏まえたうえで、実際の現場では「より多くの正確な情報を得て救助態勢・方針に反映させること」「自信（ただし過信は禁物）と臆病な心、謙虚な気持ちを持って事に臨む姿勢」「適切な危険見積りと万一に備えた腹案の保持」を肝に銘ずるようにしている。

救助にあたっては、決して慌てて行き急いではならない。遭難形態、遭難場所、遭難者の容態、今後の気象状況（ガス・風・気流など）、日没までの活動可能時間、現場に送り込む隊員の体制・装備品、救助方法、現場に取り残した場合の備えなど、数多くの情報を収集し、確認・調整を確実に行ない、救助に当たる者全員の意思疎通を徹底させてから事に臨まなければ、不測の事態を招くことになってしまう。

また、機長は自分の世界に入り込んではならず、クルー全員の能力・体調等を充分に把握し、最悪の事態を想定した腹案を持つ必要がある。だから場合によっては、安全を優先させて勇気ある撤退を決断しなければならないこともある。求められるのは、冷静な目と客観的な視点。山岳遭難救助活動はたしかに命懸けだが、命を掛けてはいけない。それがわれわれの使命なのだ。

ヘリ・レスキューを支える人々

現在、岐阜県警の航空隊には五人の操縦士（うち二人は訓練中）、五人の整備士が配属されており、さらに現場で降下して救助活動などを行なう特務係がひとりいる。実際のヘリコプター・レスキューでは、パイロット二人、整備士二人、それに特務係の最低でも五人が搭乗することになる。救助活動はヘリと操縦士だけでは成り立たず、整備士と特務係との信頼関係が必要不可欠となる。

整備士がいなくては、ヘリは飛行することができない。彼らは常にヘリの状態に目を光らせ、わずかな異常・不具合をも見逃すことなく発見し、修復・整備を行なって安全運航を約束してくれる。真夏の酷暑や真冬の厳寒のなかでも、ときには夜中でも格納庫やエプロン（駐機場）で点検・整備を行なってくれるのには頭が下がる。また、現場でホイスト（救助用ケーブル）の操作するのも整備士の大事な役割だ。

特務係は、実際の現場での救助活動や捜索活動を手がけてくれる。ヘリから降下し、現場の状況に応じて適切な救助方法を判断し、遭難者を救助するのが彼らであり、救助活動の最前線になくてはならない存在である。

このほか、庶務職員も陰でわれわれを支えてくれている。ヘリが飛行するには、当然のことながら経費がかかる。活動に伴うさまざまな装備も必要になってくる。そのための予算を確保・執行しくれているのが庶務職員の皆さんなのだ。

もちろん、山岳警備隊員、民間救助隊員、山小屋の方々、地元住民の存在も忘れてはならない。遭難者を直接現場で救助するのは、山岳警備隊、民間救助隊の隊員たちだ。とくに民間救助隊の皆さんには、直接的な救助のみならず、地元在住ならではの知識と経験を活かし、行方不明者の捜索に助言をいただいたりもする。北アルプスでの救助活動の基地となる鍋平ヘリポートに、「待機所」を設置するよう旧上宝村に上申してくれたのも、民間の北飛山岳救助隊である。そのおかげで、救助活動が長引いた際でも、宿泊施設を伴った素晴らしい待機所で寝泊まりできるので、万全な体調でフライトに臨めるようになった（待機所ができるまではヘリポートにテントを張って寝泊まりしていた）。

また、山小屋のスタッフは、直接救助活動を行なってもらうほか、現地の気象情報を提供してくれたり、操縦士の飛行訓練（山小屋のヘリポートでの離着陸訓練）に協力してもらったりしている。われわれの仕事は、こうした多くの方々の支援・連携があってこそ、成り立っている。だから彼らへの感謝・敬意の気持ちは決して忘れてはならないし、より強固な信頼・協力関係を構築するためにさらなる努力を続けるべきである。

最後になったが、われわれを支えてくれるすべての方に感謝したい。この道を選択したのは自分自身なのだから、任務の遂行に努めるのは当然のことであり、ひとりでも多くの遭難者の命を救えるよう、これからも精進していきたいと思っている。

最終到着地は「家族の許」

吉田秀人——航空隊整備士　一九六五年、岐阜県大垣市出身

「あっ、滑った！」

二〇〇〇（平成十二）年の年末から翌年の正月にかけて、北アルプス一帯は寒波の襲来によって悪天候が続き、遭難事案が相次いでいた。

それは槍・穂高連峰飛騨側を管轄する神岡警察署（当時）からの要請を受け、西穂高岳で連絡の途絶えた遭難者の捜索を行なっていたときだった。西穂高岳とピラミッドピークの間を尾根伝いに移動していた四人パーティのうちのひとりが、滑落して斜面をゆっくりと滑り落ちていくシーンが目に飛び込んできた。

航空隊に勤務してまだ五年目だった私は、その瞬間、まだ事の重大さに気づいていなかった。二〇メートル、五〇メートル……。

「なかなか止まらないな。早く止まらないと」

斜面を滑っていく登山者は、どんどんスピードを増していったかと思うと、今度

は頭と足の爪先で縦方向に円を描くように回転しはじめた。まるでマネキン人形のように直立した姿勢のまま、でんぐり返しをするような体勢での回転といえばわかってもらえるだろうか。もう滑っているのではなく、落下しているのである。

「人間はあんなふうに落ちるものなのか。あんな回転に耐えられるのだろうか」

今まで見たこともない光景に胸を締め付けられながら、回転落下していく登山者に目は釘付けになっていた。落ちていく先には、雪面から岩が突き出ていた。滑落者はどう見ても止まりそうになく、岩に向かって一直線に落ちていく。

「もうダメか」

そう思った次の瞬間、滑落者は岩に激突したかのように見え、視界から姿が消えた。

とりあえずその位置だけを確認し、機長に場所を伝えると、機長は態勢を立て直すためにいったん山麓のヘリポートへと機体を向けた。

ヘリポートに着陸し、隊員の気持ちが落ち着くと、機長から声がかかった。

「よし、救助に行くぞ」

そのかけ声とともに、私たちは再び現場へと向かった。だが、私は内心、「あんなスピードで落ちていって岩にぶつかったら、まず助からないだろう」と思っていた。

現場が近づき、滑落した登山者が視界から消えた岩のあたりに目をやると、手を振っている人がいた。遭難者の生存を半ば諦めていた私は、パーティの仲間が現場まで下りていって、私たちに場所を教えるために手を振っているのだと思った。

しかし人影はひとりしか見当たらない。滑落した人はそばに横たわっているのかなと目を凝らしても、確認できるのはやっぱりひとりだけである。

「あれは滑落した本人だ。無事だったんだ!」

安堵感と同時に、助けなければという気持ちで頭の中がいっぱいになる。

現場付近には強風が吹いており、地形的条件から機体に対して横風を受けながらの救助活動となった。

「OGE(ホバーリング性能)よし、ラダーマージン(操縦装置)よし。(現場へ)入るぞ」

機長の号令で現場に接近する。

「ホイストマン、ドアオープン誘導」

機長の指示が飛ぶ。

「誘導します。この高度で距離は左へ五メートル、左（障害物）クリア、テール（障害物）クリア、距離左へ三メートル、二メートル、一メートル、はい、この位置。隊員降下します」

さらに機体を誘導しながら、滑落者の直近に隊員を降下させる。

「地上まで、（高さ）あと五メートル、三、二、一、接地」

機長の巧みな操縦と屈強な山岳警備隊員のおかげで、滑落者を無事機内に収容することができた。滑落者はヘルメットを装着しており、ザックがエアバックの役割を果たしたのか、奇跡的にも無傷であった。

日ごろあまり信心深くない私も、このときばかりは神がかり的なものを感じ、機内に収容した滑落者に対し、思わず握手を求めたことを今でも記憶している。

長野県、富山県と隣接して標高三〇〇〇メートル級の山岳地帯を有する岐阜県警が使用するヘリコプターは、アメリカ製のベル式四一二という、エンジン出力一八〇〇馬力の中型双発（エンジンが二基ある）ヘリコプターである。

標高が高い場所でのヘリコプターの運航は、空気密度が減少するため、人間でも呼吸がしづらくなるのと同様に、エンジンの性能が低下する。さらに、空気力学的には揚力の減少、山岳地特有の気流、救助現場の地形的要因による機首方向の制限（ヘリコプターは後方からの風に弱い）、搭乗人員や燃料量の制約など、救助現場が高高度であればあるほど、ヘリコプターは性能ギリギリでの飛行を余儀なくされる。

このような状況のときに、ヘリコプターに不具合が発生した場合、パイロットは回避操作をとることが非常に難しくなる。そこでパイロットが安心して操縦に専念できるようにするため、故障が発生しないように常にヘリコプターをベストコンディションに保つようにするのが、私たち航空隊整備士の任務だ。

整備士は搭乗中、エンジンの回転計、燃焼ガス温度計、出力計をはじめ、各種飛行計器の小さな針の動きに目を配り、ヘリコプターの異常な振動や音を察知するため五感を働かせ、異常に気づけば納得できるまで原因を究明して不具合または異常を取り除く。性能限界いっぱいでの救助活動では、小さな不具合でも命取りになりかねない。

また、ヘリコプターの性能的に厳しい状況下での救助現場では、機体をできるだけ軽くするために、搭載燃料を最小限にする。まるでウルトラマンのカラータイマーが赤色に変わったときのように、燃料残量の警告灯が点灯してからが勝負となる。そんな場面で不具合が生じれば、自分たちまで遭難してしまうことになりかねない。

もうひとつ、ヘリコプターの点検整備はもとより、救助活動時にホイスト操作を行なうのも整備士の重要な任務である。ホイスト操作時には、ヘリコプターを誘導し、ケーブルを操って山岳警備隊員を降下させ、遭難者を吊り上げ救助する。風向きを考慮し、メインローターあるいはテールローターと障害物までの距離に注意し、ヘリコプターの後方から迫るガスをパイロットに知らせ、ホイストケーブルを把持《はじ》する手に伝わる感触からホイストの異常に気を配る。どれひとつ注意を怠っても、たちまち搭乗員全員を危険に陥れてしまうことになる。私たちには、なによりパイロットや山岳警備隊員から信頼されることが求められるのだ。

航空隊に配属されて約二十年、北アルプスだけでもこれまでにさまざまな現場に遭遇してきたが、忘れられない光景がある。

二〇〇六（平成十八）年四月、北アルプスの穴毛谷で、春スキーを楽しむために入山した登山者四名が雪崩に巻き込まれるという事故が起きた。私たちは山麓にある鍋平ヘリポートを拠点として捜索活動に入ったが、なかなか遭難者を発見することができず、全員を発見するのに二カ月を要した。

まだ捜索中だったある日、ヘリポートで待機しているところへ遭難者の家族がやってきた。いまだ見つかっていない肉親を思い、居ても立ってもいられなくなって、現場に近いヘリポートまで来たのだと思われた。

ヘリポートからは、遭難者が救助を待っている穴毛谷を望むことができる。遭難者の家族は、穴毛谷のほうを見ながら嗚咽を漏らしていた。その後ろ姿が痛ましく、こちらまで目頭が熱くなってきた。楽しいはずの登山が、このような最悪の形で終わってしまうのは、なんとも悲しくやりきれない。

登山ブームと相まって、北アルプスの遭難件数も増加傾向にある。航空隊が山岳遭難に対応する際は、登山者が提出した登山届をもとに捜索エリアを絞り込んでいくが、遭難者の登山計画書を見ていると、「どこで計画が狂ってしまったのだろう」と思うと同時に空しさが込み上げてくる。

登山者は、登山届を提出するときに、ぜひとも最終到着地に「家族の許《もと》」という一行を書き加えていただきたい。行くべきか戻るべきかの判断に迷ったときは、家族の顔を思い浮かべ、極力危険を回避するための判断を下してもらうことを切に願う。

ヘリコプター救助も楽じゃない

川地昌秀——航空隊特務係　一九七四年、岐阜県養老町出身

思い出に残る救助活動

右も左もまだわからない隊員に成りたてのころ、笠ヶ岳山荘に宿泊していた登山者が体調を崩して救助を要請するという事案があった。要救助者は糖尿病を患っており、登山中にインシュリンが切れてしまって意識レベルの低下を引き起こしていた。

当時、笠ヶ岳山荘には看護師の免許を持っているアルバイトの女性がいて、彼女が山麓の病院の医師に患者の容体を伝え、医師が処置に必要なものをアドバイス。それを山岳警備隊が山荘まで届けることになった。

といってもその日は天気が悪くヘリが使えなかったため、下から歩いて運び上げなければならない。そこで「いちばん足が速いのはお前やろ」ということで白羽の

矢が立ったのが、当時いちばん若かった私だった。

届ける医療機材はバックパックひとつ分ぐらいの大きさで、重さは大したことなかった。ただ問題は、私が一度も笠ヶ岳には登ったことがないということだった。

「大丈夫、心配するな。道もしっかりついているから、迷うところはどこもない。上で稜線に出たら道標があるから、そこを左に行け。そうすればやがて笠ヶ岳山荘に着く。お前の荷物は俺があとから持っていく。お前はその医療機材と飲み水だけを持って、とにかく笠ヶ岳新道を走っていけ」

そう先輩隊員に言われたら、嫌とは言えない。「これはもう行くしかない」と思い、必死で笠新道を駆け上がっていった。登るにつれ、ガスが濃くなっていき、周囲の景色も見えなくなった。ひんやりとしたガスが、走って火照《ほて》った体に心地よかった。

やがて稜線に飛び出すと、先輩隊員が言ったとおりT字路になっていて、ちゃんと標識があった。「お、これを左やな」と思って左折し、真っ白なガスのなかを笠ヶ岳山荘目指して走り続けた。

笠新道の登山口から三時間ほどで山荘に到着し、持ってきた医療機材ですぐに処置をしてもらった。小屋のスタッフからは「ようがんばった。これでお前の仕事は終わりだ。今日は泊まってけ」とねぎらってもらい、好待遇をしていただいた。先輩隊員も私の荷物を持ってあとから追いかけてきて、その日は二人で山荘に泊まった。

病人は、翌日には歩いて下山できるぐらいまで回復していた。山小屋のスタッフと、麓の医者と、われわれ警備隊員との好連携が冴えて事なきを得た事案であった。

さて、数ある事故のなかでも、自然の猛威を肌でまざまざと感じたのが、二〇〇〇（平成十二）年三月二十七日に穴毛谷で起きた大雪崩事故だ。このときは登山者ではなく、砂防ダム工事の業者二人が巻き込まれた。地元の人が雪崩に流されて行方不明になったということで、私は地域課の警察官として救助活動に参加した。

現場では、重機や車が数百メートルも下流まで吹き飛ばされてスクラップ状態になっていた。雪崩の流路となった谷の屈曲箇所では、対岸にある大木がすべて一定方向になぎ倒されていた。「こんなものに巻き込まれたら、ひとたまりもない」と思った。自然のとてつもないパワーを目の当たりにして、なにも言葉が出てこなかった。

自分が考えていた山の怖さというものを覆された事故であった。

穴毛谷では、その後の二〇〇六（平成十八）年四月にも、スキーヤー四名が雪崩に巻き込まれて死亡する事故が起きている。これは二〇〇〇年のときほどの威力ではなかったが、規模としては大きなほうで、捜索活動も長期間を要し、最後のひとりが発見されるのに二カ月を要した。驚いたのは、発見されたザックの中に入っていたGPSの解析結果を知らされたときだ。雪崩に遭遇する以前、遭難者はゆっくり移動していたのだが、それがいきなり時速一〇〇キロオーバーの速さで瞬間的に移動したのである。おそらく爆風に吹き飛ばされたのだろう。「人間の力には限界がある。どうあがいたって自然には太刀打ちできない」ということをつくづく感じたものだった。

雪崩の怖さということでいえば、積雪期の飛騨沢での救助活動も思い出深い。たしか二〇〇二（平成十四）年ごろの事案だったと思うが、槍ヶ岳から下山中の二人パーティが飛騨沢で雪崩に巻き込まれ、ひとりは心肺停止に、もうひとりは足を骨折して行動不能になっているという一報が入ってきた。負傷者は、槍平小屋と飛騨乗越の中間付近にある通称「宝の木」の下のほうでビバークしているという。

しかしこのときは連日の降雪続きで、その日も天候が悪くてヘリが飛べず、人海戦術をとって下から歩いて救助に向かうことになった。民間の救助隊員も含め、トータルで三十人近くが数班に分かれて出動していったのではないだろうか。

ところが、白出沢までは雪上車で入り、そこから歩いて現場を目指したものの、出だしから胸まである積雪に苦しめられた。当時、警備隊ではスノーシューを四セット導入したばかりで、ワカンと比べると重たいことから、先輩隊員に「若い者が履け」と言われて私もスノーシューを履いていた。

「とにかくスノーシューは浮くはずやで、お前らが前を行け。空身でいいから、スコップだけ持って進め」

そう言われて、主にスノーシューを履いた若い隊員が交代でラッセルを担う。自分の背丈を超えるふわふわの雪をスコップでかき、胸と腕で押して圧雪し、そこに抜いた足を乗せて、という一連の動作を延々と繰り返していく。しかし、雪の重さでスノーシューがなかなかうまく持ち上がらない。まさに雪のなかを泳ぐような感じである。いちばん深いところでは、先頭を交代しながらでも一時間に一〇〇メートル進めるか進めないかぐらいだった。

朝いちばんから行動を開始し、槍平に着いたのが午後三時ごろ。自分たちが考えていたよりも大幅に時間がかかってしまった。

そこから上は、悪天候で視界がなかったため、みんなで声を出し合いながら登っていったのだが、声は風にかき消されるし、みんな疲労が溜まってきているし、焦りもある。そのうちに幻聴が聞こえ出し、遭難者が助けを求める声が聞こえたような気がして、みんなで「お、今コールバックがあったぞ」「ん、いや、風の音じゃないかな」などと言い合いながら、とにかく上を目指していった。

ようやく現場が近づいてくると、積雪の上から先っぽだけが出ている木の枝が揺れているのが見えた。遭難者が枝を揺すって合図を送ってきたのだ。心肺停止の者はともかく、生存者は日没になっても救助するという方針だったので、そこからただちに搬送にとりかかった。

スノーボートに載せた遭難者をとりあえず槍平小屋まで運んできたときには、もうだいぶ暗くなってきていて、その先はヘッドランプをつけての行動となった（心肺停止の者も槍平小屋までは搬送してきた）。ところが、間もなくして、雪崩の「どーん」という音が聞こえてきた。あたりは真っ暗でなにも見えない。たどってきたトレースも、いつしか見当たらなくなっていた。

このとき、ルートを確認するために先行部隊を送っていたのだが、雪崩の音がしたあと、連絡が取れなくなってしまった。「これは雪崩にやられたんじゃないか」と心配し、われわれ本隊はいったん槍平小屋まで引き返すことにした。

その途中で、先行部隊と無線が通じるようになり、二重遭難を免れたことがわかってほっと胸を撫でおろした。彼らは「うしろのほうで雪崩の音がした」と言っていたので、本隊と先行部隊との間で雪崩が発生したようだった。先行部隊は、雪崩の跡を通って槍平にもどるには危険だと判断し、ひと足先に下りていった。結局、われわれは槍平小屋で一泊し、翌日再び搬送をはじめたところ、天候が回復して飛べるようになったヘリに途中でピックアップされたのだった。

穂高ならではの厳しい救助

これもまた、自然の猛威を感じさせられた救助活動だったが、近年にもあまり例のない厳しい現場があった。ほかの隊員も書いているようだが、二〇一二（平成二十四）年のゴールデンウィーク中の穂高の稜線での遭難事故である。

北穂高岳から穂高岳山荘に向かっていた六人パーティが低体温症で行動不能となり、山荘で春山常駐をしていたわれわれのもとへ救助を要請してきたのは、五月四日の夜七時過ぎのことだった。この日は午後になって天候が崩れ、夜には穂高一帯は吹雪のような状況になっていた。要請受理後、出動できるかできないかを判断するため外に出てみると、顔に当たる雪が痛いぐらいのブリザードで、正直「これはちょっと厳しいかな」と思った。

だが、山荘の宮田八郎さんや中林裕二さんに助言を求めると、「俺たちも行く」と言ってくれる。そこで生活している彼らの言葉ほど心強いものはない。さらに常駐している警備隊員の技量や体力などを考慮し、最終的に「この面子《めんつ》なら」と判断して出動することを決定したのである。

だが、装備を身につけ、「さあ、行くぞ」と、いざ現場へ向かおうとしていたときに、八郎さんがこう言った。

「お前が出ていったら、本部との連絡は誰がやるんだ」

このときの常駐メンバーからすると、立場的に本部と連絡を取らなければならないのは私だった。だが、本部からたびたび連絡が入り、その都度、現在の状況を逐一報告しなければならない連絡係は、できればやりたくなかった。「勘弁してくれ。まだ現場へ行ったほうがいい」というのが本音だった。しかし、ほかにやる人がいなければ、やるしかない。現場での指揮は八郎さんにお願いすることにして、仕方なく私が残って連絡係をやることになった。当然といえば当然なのであるが。

遭難パーティは涸沢岳とオダマキのコルの二カ所に分かれて救助を待っていた。しばらくすると、涸沢岳にたどり着いた赤堀隊員から連絡が入ってきた。そこにいた遭難者三人のうちひとりが行動不能に陥っているという。自力で歩けるのならともかく、担いで搬送しなければならないとなると、人手が足りない。しかも、その先のオダマキのコルにいる三人の遭難者も連れ帰ってこなければならないのだ。

こうなったら、山荘のスタッフにも出てもらうしかない。ほかに人がいないのだ。救助隊員でもない彼らは、「出動してもらえないか」という申し出を快く引き受けてくれた。

「もう行く準備はできとるで、すぐに行く」

そう言って彼らは現場へと向かっていった。赤堀隊員には「引きずってでもいいから、一歩でも二歩でも先に進め」と伝えた。彼も、なにをどう判断していいかわからず、大変だったと思う。

オダマキのコルにいた三人のうちのひとりはパーティのリーダーだったが、彼も低体温症で自力歩行ができなくなっていた。搬送されているときは意識が混濁していて、最後は引っ張られるような状態で山荘に運ばれてきた。

次々に運び込まれてくる遭難者は、程度の差こそあれ、みんな低体温症にかかっていた。それを処置するのは、山荘の女性スタッフと私の役割だった。その日はたまたま山荘にお医者さんが泊まっていて、積極的に協力していただいたのでほんとうに助かった。

錯乱状態になっていたリーダーは、処置の甲斐あって徐々に意識がはっきりしてきて、記憶が一部欠落していたが、朝方まではだいぶ回復していた。ただ、赤堀隊員が背負って搬送した男性は、残念ながら亡くなってしまった。

この事案は、山荘のスタッフをはじめ、われわれ警備隊員、そして宿泊していたお客さんたちも含めた、総力戦の救助活動であった。出動するかしないかはギリギリの判断だったが、そのなかでわれわれはベストを尽くした。もし「出動できない」という判断を下していたら、遭難者はたぶん全員が命を落としていただろう。

連絡係だった私は、現場ではなく一歩引いた立場から考えなければならなかったので、精神的にいろいろ厳しかったが、よくぞ二次遭難を起こさずに救助してくれたと思う。山で生活している山小屋のスタッフのありがたさを、改めて感じた一件であった。

航空隊特務係として

岐阜県警に山岳警備隊があることは、同隊が一九九二（平成四）年に刊行した『山靴を履いたお巡りさん』という本を読んで知った。もともと学生のころから個人で夏山縦走程度の登山をやっていたので興味を持ち、警察官になって希望を出してみたら、それが通って一九九九（平成十一）年に隊員に任命された。

通常、警備隊に配属されても新隊員がすぐに現場に行くようなことはまずない。しかし、私が隊員になったとき、たまたまテレビの密着取材が入っていて、「新隊員は絵になる」と思われたのか、実力はないのに現場に連れていってもらったことが何度かあった。そうしているうちに、「自分でもなんとかやっていけるのかな」と思えるようになった。

また、警察の仕事というのは直接的に感謝されることはなかなか少ないが、遭難救助の仕事は、助けた方からたいてい「ありがとうございました」と言ってもらえる。それを聞けることで、「これはすごくやり甲斐のある仕事や」と感じ、今まで続けてきてこられたのだと思う。

今、私は二〇一二（平成二十四）年から航空隊に配属されている。現在、山での遭難救助活動の多くはヘリコプターによって行なわれているが、山岳警備隊員が航空隊に配属されたことは過去に例がなかった。そこで私が航空隊に来れば、警備隊との連携はより強化されるだろうし、私自身もまた違った経験を積めるのではないかと思い、航空隊を志願したのだった。

航空隊のなかでの私の肩書きは「特務係」。ヘリで救助にいったときに、実際に現場に降下して救助作業を行なうのが主な任務で、つまりやっていることは所轄署の警備隊員だったときとあまり変わらない。

ただ、航空隊に配属されたばかりのころは、上空からでは地形の凹凸や高低差がわかりにくいことにしばらく戸惑った。たとえば私には「お、あそこに遭難者がおる。すぐに行けるんじゃないか」と見えるのに、パイロットは「それは無理やぞ」

と言う。「そうですかね。行けるんじゃないですかね」と食い下がると、パイロットはヘリを別の方向に回して「よく見てみろ」と言う。そこから改めて見て、「あー、そうすね。こりゃあちょっと厳しいですね」と納得するのである。

現場で降下するときに、斜面の傾斜は大したことなさそうに見えるのだが、実際に降りてみるとかなりの急斜面で、「あかんあかん、足を置く場があらへん」と焦ったこともあった。航空隊に入ってヘリに乗る機会が増えた分、そういうことが以前よりもわかるようになってきている。

また、山岳警備隊は山を歩いてなんぼの仕事であり、自分たちが活動する山のことを知らなければ話にならない。所轄署の警備隊員だったときは、活動エリアが限られているので、隊員を続けているうちに山は自分の庭のようになってくる。しかし、航空隊は特定のエリアだけではなく、県内全域に出動していくため、場合によってはよく知らない山でも救助を行なわなければならない。そうした山では、どこが危険なのか、どういうリスクがあるのかがわからない。万一天候が悪化してヘリにピックアップしてもらえなくなったら、よく知っている山なら「あそこに逃げ込めばいい」というのがわかるが、未知の山では自分の安全を確保するのも難しくなる。そういう点には気をつけなければと思っている。

航空隊の救助活動は、隊員を下ろしてから作業を終えてピックアップするまでの計算が成り立たなければ行なわないのが大原則である。だから現場に取り残されることはないのだが、それでも万が一のときのことを考えて、降下時の装備品のなかにはビバークできる燃料や食料などを必ず加えておくようにしている。

もうひとつ、ヘリでの救助活動時にひやっとするのは、方向感覚を失ってしまったときである。ヘリで現場へ向かうときは、機内の後方にいるため外がよく見えず、山の位置関係がわからなくなってしまうことがある。現場上空まで来て旋回しながら、整備士さんに「あのへんに降りられる？」と言われて初めて外を見るのだが、そのときにピンポイントだけを見ているので、降りた瞬間に意外と方向がわからなくなる。現場に直接降りられればいいが、降りられないときは近くの降下ポイントに降りてから歩いて現場に向かうので、なおさら「あれ？　遭難者はどっちのほうにいるんだっけ？」となりやすい。

これまでにもそんなことが何度かあり、そのたびに上を飛んでいるヘリに無線で「遭難者は、今降りたところからどっちの方向にいるんでしたっけ？」と問い合わせて教えてもらっている。

さて、われわれは救助要請があった以上、ヘリが飛行できるギリギリの条件であっても、危険を冒して現場へ向かうことになる。ところが、家族などからの届出の場合、当の本人には遭難している自覚がまったくないこともたまにある。

遭難者を発見して救助しようとしたら、「え、どうしたんですか？」と驚かれ、「連絡がまったく取れずに騒がれていますよ」と言うと、「いやいや、私は遭難していませんから。ヘリには乗りませんよ」と言われてしまう。当事者にしてみれば、「遭難扱いになれば世間に知られてしまうのではないか」「いろんな人に迷惑がかかるんじゃないか」という思いもあるのだろう。

近年のケースでは、若い男性登山者が単独で冬の西穂高岳から槍ヶ岳へ縦走中、奥穂高岳のあたりで家族に「天気が悪いけど、槍ヶ岳を目指します」というメールを入れたのちに連絡が取れなくなり、家族からの届出を受けて捜索を開始したことがあった。届出があった時点で、下山予定日を大幅に過ぎていたので、「滝谷に落ちているんじゃないか」「キレットのあたりで滑落したのでは」などと推測していたが、しばらくして本人とあっさり連絡がついた。

「今、槍ヶ岳にいます。とくにケガはしていません。大丈夫です」

しかし、そう言われても、こちらも家族から捜索依頼を受けているので、「はい、そうですか」で終わりにするわけにはいかない。試しに食料や燃料のことを尋ねてみると、「食料はあと一日分しかありません。燃料も半日分あるかないかです」という。それでなぜ大丈夫だと言えるのか。最終的にこの男性はヘリで救助されたのだが、ピックアップしにいったときは、ちょうど槍ヶ岳の山頂に登ろうとしているところで、思わず呆れてしまった。

なかにはそういう常識外れの登山者もいる。ちょうどこのころは同様の事案がいくつか続いたこともあって、「遭難というのはどういう状況のことをいうのだろう」と考えさせられた。

携帯電話やヘリコプターなど、便利さが当たり前になってきてしまったゆえの遭難騒ぎなのかなとも思う。だが、一般の人から見れば無謀な行為であり、単なるチャレンジではすまされない。客観的に見て計画を逸脱する可能性があるならば、潔くエスケープしてほしいし、無理してその先の可能性を探らず、安全上の余地がまだあるところで下山する判断をしてほしい。

これだけ遭難事故が増えているなか、登山者ひとりひとりがしっかり考え、努力して、防止策を考えていかないと、登山者は一般の人たちから白い目で見られるようになり、登山者全体の評価が落ちてしまう。ヘリコプターの有料化問題や登山届の条例化などは、その表われだろう。今の登山者は、自分で自分の首を絞めているような気がしてならない。この状況が今後も続けば、さらなる規制や禁止措置がかけられることにもなりかねない。そうならないよう、登山者は技術や知識、経験値レベルを上げることで、少しでも遭難事故が減るように努めてもらいたいと願う。

最後になったが、私が山岳警備隊員を続けられるのは、家族の理解と支えがあるからにほかならない。

私には嫁さんと三人の子どもがいるが、正直言って家族サービスは非常に悪い。事故は待ってくれない。休日に事故があれば、家族との予定をキャンセルして出動していかなければならず、今ではまったく当てにされなくなってしまった。

航空隊に配属されてからは、なにかあったときにすぐ対処できるように、土日はほぼ自宅待機である。子どもが野球の試合に出場するというときでも、一瞬顔を出して写真を数枚撮り、すぐに自宅に帰ってきて待機している。

「僕からこの仕事を取ったら、警察のなかでは役に立たない人間なんで」

嫁さんにはそう言って我慢してもらっている。それでも仕事を続けさせてもらえるので、家族には感謝の言葉しかない。

だからなおさら、家族の理解と支えがあるかぎり、この仕事は続けていきたいと思っている。

第5章　警備隊員の心意気

山の救助に携わって教えられたこと

奥谷治朗——高山警察署デスク　一九七三年、岐阜市出身

山岳警備隊への拝命

現在、私は高山警察署の地域課のデスク担当として勤務しており、この仕事に就いて二年が経過しようとしている。通常は、一般の事件や事故の一一〇番通報を受け、パトカー勤務員や交番勤務員などに指令を出すほか、署の地域課全体の総務的な業務に追われている。しかし、ひとたび山岳遭難が発生すれば、山岳担当のデスクとして遭難者から詳細を聴取し、隊員の手配や指令、航空隊ヘリとの連絡を行ない、もし人手が必要となれば私自身も現場へ急行していくことになる。

岐阜県の山岳警備隊員は、ほとんどが地域課、つまり交番や駐在所、または機動警ら（パトカー乗り専門）の警察官として制服勤務している（一部の隊員は交通課や刑事課で勤務している人もいる）。そんななかで、ときには非番日や休日に山岳

訓練を行ない、ひとたび山岳遭難が発生すれば現場へと出動していくわけだ。

通常の警察官の顔と、山岳警備隊員の顔。いわゆる「二足のわらじ」を履いているのが、われわれ岐阜県警察山岳警備隊の面々なのである。

岐阜県の東濃地方にある警察署で交番勤務員として過ごしていた新任時代、私は山の「や」の字も知らなかった。その環境が突如として変わったのは、拝命を受けて二年半が経過したころだ。岐阜県の最北端にあたる神岡警察署（その後、警察署の統廃合により、現在は飛騨警察署神岡警部交番となっている）に異動となったのである。

署に異動してきたのは十一月だった。岐阜県は大きく「美濃地方」と「飛騨地方」に分けられるが、美濃の地域にしか住んだことのない私は、飛騨地方では十一月になると雪が降るという事態に、大きなカルチャーショックを受けた。冬は雪との闘いになることを知ったのは、そのあとのことだ。

当時の神岡警察署は、北アルプスを受け持つ山岳警備隊の「最前線基地」でもあった。私は神岡署への異動に伴い、山岳警備隊員としての辞令も受けた。

異動してすぐ、今井主憲方面隊長（当時）やベテラン隊員に連れられ、西穂高岳の丸山を登りにいった。今井隊長もベテラン隊員の方も年齢はすでに五十歳近い。今思えば大変失礼な話だが、「もう歳なのに、山になんか登って大丈夫なのだろうか」と思っていた。とくに体力に秀でているわけではなく、登山自体もまったく初めてだったとはいえ、二十代の私が五十歳の人より体力的に劣るとは考えられないことだった。

ところが、実際に登りはじめると、なぜか私ひとりだけがどんどん遅れていった。軽やかな隊長らの足取りに必死でついていこうとするのだが、足はどんどん重くなっていく。十一月の北アルプスの寒さのなかで、私だけが汗をだらだら流し、ゼイゼイハアハアと荒い息を吐いていた。平地でふつうに走れば、二十歳代の私のほうが絶対に速いはずなのに、どうして山ではこんなに違うのか。頭の中を疑問がぐるぐる渦巻いた。

なんとか西穂山荘にたどり着いたと思ったのも束の間、さらに丸山まで、と言われたときには「参りました」という気持ちだった。今度の異動のときには、どこか別の署へ異動させてもらおうと、本気で考えた。

しかし、その気持ちは丸山に登ったときに一気に吹き飛んだ。この日は風が強かったが、気持ちのいい秋晴れの天気だった。まるで鋭利な彫刻刀で削ったかのように飛騨の山々が切り立ち、すでに山肌を覆っていた白い雪面が神々しく日に照らされていた。

私はあまりの眩しさに目を細めた。

心が震え、感動し、涙が一筋頬を伝った。景色に感動して泣くなんて、それまでに経験したことのないことだった。その涙が凍ってしまうのではないかと思ったくらい、氷のような冷たい飛騨側からの強い風が、容赦なく私の頬を突き刺していた。あの光景と冷たい強風の記憶は、今でも私の脳裏にしっかりと焼きついている。

豪雪のなかでの冬山訓練

神岡署へ異動して初めて迎えた冬は豪雪に見舞われ、日によってはひと晩に一メートル以上の雪が降った。国道が止まり、休みの日に呼び出されて二日間徹夜で交通整理をしたことも何度かあった。フラフラになって官舎へ帰ってくると、今度は雪で完全に埋まった自家用車をスコップで掘り出した。ほんとうにこの雪の中に車があるのだろうかと不安になってくるころ、スコップの先がようやく自家用車にゴンと当たった。その感触が伝わってきたときは、ちょっと嬉しかった。

十二月になって、初めての冬山の訓練に参加した。このときも豪雪だった。とんでもないほど多量の雪が降っていたが、隊長は「最高の訓練日和だ」と言っていた。それを聞いて、そのような言い方もあるのかと思った。

ずらりと床に並べられた共同装備品をみんなで取り合い、大型ザックの中にザイルやテープなどを大量に押し込んだ。そのザックをモッコにくくりつけ、さらにでかい鍋やらなにやらをその上からくくりつけた。出発直前に、一升瓶が残っているのを先輩隊員が見つけ、「なんで酒を残していくんだ、バカモン」と怒られた。「ザックにはすでに一升入っているのに」と思いながら、その一升瓶もザックに押し込んだ。

もはやザックなのかモッコなのかわからなくなっているものを担ごうとすると、あまりに重すぎて背中に回すことができなかった。そこで床に座り込んでモッコの紐を両肩にかけ、「ヨイショ」と前に倒れながら四つん這いになり、あとは根性で立ち上がった。モッコの紐が肩に食い込み、息が止まりそうだった。

少しでも横に傾いたらコテッと倒れそうだったので、バランスを崩さないように

どんな豪雪のなかでも警備隊員は一刻をきそって現場を目指す

歩くことを心掛けた。

新穂高から右俣方面へ入っていったところで、ラッセルの方法を教えてもらった。ピッケルを両手で持ち、目の前の雪をかいて膝を突き刺し、できた穴に足を突き刺す、というような感じだ。先輩隊員は進行方法を指さし、「やってみろ」と私に言った。その目の前には雪の壁があった。「これは道ではなく、壁なんだけど」と思ったが、口には出さなかった。

豪雪で登山道は完全に埋まっており、さらに雪が積もり続けていた。両手でピッケルを持ち、目の前の壁を掻《か》くと、先輩隊員から「もっとツッコまなあかん」と言われた。「漫才じゃないんだし」と思いながら、雪の中へ飛び込むように体ごと雪に押しつけた。私のラッセルは、ちっともラッセルではなかった。ただ雪の中でもがいているだけで、まったく先へ進めなかった。先輩隊員が「なにやってんだ、代われ」と言って、すさまじい勢いでラッセルしていった。なぜこんなにも違うんだ、と不思議でならなかった。

交代を繰り返しながらラッセルしていき、私の番が回ってきた。再び雪の中でもがきながら、少しずつ前に進んだ。体中が汗でベタベタになった。息が上がる、なんてモンじゃなかった。息が上がりすぎて、肺が止まりそうだった。モッコも重すぎて、肩が外れてなくなるんじゃないかとも思った。

穂高平にある避難小屋までは、夏場であればすぐ目と鼻の距離である。しかしこのときはあまりの豪雪のため、たどり着くのに丸一日かかってしまった。予定では避難小屋で二泊して訓練を行なうことになっていたが、ひと晩目の夜に、同じ新隊員だった下呂署員と「いっしょに夜逃げしよう」と本気で話し合った。

新任時代のレスキュー

当時の神岡警察署は、署員約三十人程度の、県下で一、二を争う小さな署であった。しかし、小さいがゆえに、署員の団結は固く、また地元の温かさを感じることも多く、まだ若かった私が、「警察官は地元住民の方のためにある」という原点を学んだ署でもあった。

一方、山岳警備隊員としての訓練は、山をまったく知らなかった私にとって非常に辛いものだった。入隊当時はみんなについていくことができず、あまりの辛さにいつも反吐《へど》を吐いていた。だが、先輩隊員をはじめ、山岳警備隊を支えてくれている地元の方々に温かく接していただいたことから、それに報いるためにも、毎晩ひとりトレーニングに明け暮れた。
二、三年経つと、なんとか先輩隊員にもついていけるようになり、現場へも徐々に出動するようになっていった。その現場には、いつも谷口さん、現在の谷口方面隊長がいた。
かなり昔のことなので記憶が断片的だが、隊員になってしばらくしたころ、谷口さんと先輩隊員二人、そして私の計四人で、遭難者の遺体を収容しにヘリで滝谷へ行ったことがあった。そのころは岐阜県警航空隊がどんどん力をつけてきていて、すべての現場は基本的に県警ヘリで対処するようになっていた。

現場に到着し、ホイストで降下した場所は、少しでも足を滑らせたら谷底へ一直線に落ちてしまうような急斜面だった。しかも周辺では、小さな滝のような雪崩がそこらじゅうで発生しているのが見えた。小雪崩は音もなく流れ落ちていて、いつわれわれの上から雪崩が降り注いできてもおかしくはなく、とてつもなく恐ろしかった。

谷口さんはほかの隊員と三人で遺体収容作業を行ないながら、私に指示を出した。

「奥谷っ！」

「はいっ！」

「お前は上から雪崩が来ないか、よおく見ていろっ！」

「わかりましたっ！」

「もし雪崩が来たらーっ！」

「はいっ！」

「……んー」

「……？」

「諦めるしかないか」

「……はい」

そうだよな、どう考えても避けられないよなあ、と思いながら上の雪面を凝視していたことを、今でもよく覚えている。小雪崩はわれわれから二〜三〇メートル離れた斜面でも起きていたが、運よくわれわれのいる場所で起きることはなく、無事に作業を終えたのだった。

もうひとつ、新任時代の救助活動で思い出に残っているのは、双六岳で真夜中にケガ人を搬送したときだ。たしか夏山シーズン中だったと思うが、夜になって「双六岳から下山中の登山者が足をケガして行動不能になった」との通報が飛び込んできた。この時点ではケガの程度がよくわからなかったので、私を含め六人ほどの隊員が暗闇のなかを現場に向かうことになった。

その夜は月も出ておらず、山のなかは漆黒の闇で、見えるのはヘッドランプが照らす足元のほんのわずかな円形の範囲のみ。すぐ近くにいる隊員の息遣いは聞こえるものの、その姿はまったく見えなかった。そんななかを駆け上がっていくのは、暗闇の中へむやみに足を突っ込むようなものである。案の定、足を踏み外してしまい、ガラガラガラッという音とともに転倒してしまった隊員もいた。

ゼイゼイ息を切らして登ること数時間、足をケガして動けなくなっている初老の男性登山者をようやく発見した。息つく間もなく遭難者を交代で背負って下ろしはじめたが、これが思いのほか重たい人だった。とにかく苦しかった。時間は永遠に続くかのように感じられ、「これがいつまで続くのだろう。無事に下までたどり着けるのだろうか」ということばかり考えていた。

ふと気がつくと、真っ暗闇のなかに灯りがポツリと灯った。灯りはひとつ、またひとつと増えて連なりとなり、徐々にこちらへ向かってきていた。やがて無数の灯りが麓から繋がり、登山道を一本のラインのように浮かび上がらせた。

それは地元で組織されている民間の救助隊、「北飛山岳救助隊」の皆さんのヘッドランプの灯りだった。民間救助隊のメンバーが応援に駆けつけてきてくれたのだ。

われわれは遭難者を助けている立場だが、灯りを見て不安感がなくなり、正直助かったと思った。続々と隊員が合流してきて、たくさんの灯りで足下が広範囲に照らし出された。次々と担ぎ役が交代し、遭難者を搬送するスピードも一気に加速した。

なんかいいな、と思った。なにより嬉しかった。

あのときの、登山道沿いに灯りが無数に連なる光景は、今まで見たどんな美しい夜景よりも心に残っている。

十四年ぶりに警備隊に復帰

神岡で三年半が経過したころ、私は飛騨地方のセンター署である高山警察署へ異動となり、交番勤務やパトカー乗務をしながら二年間、山岳警備隊員を兼務した。

しかし、留置場勤務員となったことから山岳警備隊を除隊し、その後は生活安全課の風俗事件や少年事件などの捜査員として、いわゆる「ガサ」や被疑者の取り調べに明け暮れた。

捜査が不眠不休になることは当たり前だったが、山で経験した死の恐怖、音もなく飛んでくる落石や、脇を一瞬にして滑り落ちてくる表層雪崩などに比べれば、怖いものや苦になるものなどなにもなかった。

そして二〇一四（平成二十六）年、警部補昇任に伴う人事異動があり、約十年ぶりに高山警察署にもどってきた。と同時に山岳警備隊員としての辞令も受け、再び山の仕事に従事することになった。数えてみると、山岳警備隊を除隊して十四年が経過していた。時代の流れで神岡警察署は統廃合され、北アルプスは高山警察署の管轄となっていた。

私は再び山岳警備隊員として勤務できることに身震いを覚える一方で、猛烈な不安に襲われた。除隊以来、十年以上にわたり運動らしい運動はしていなかったこともあるが、なにより心配だったのは、異動先が山岳警備隊の司令塔となるデスクだったことだ。デスクは遭難者からの通報を素早く正確に受理し、隊員に指令する役割を担う。遭難者の命が助かるかどうか、私には重い責任がかかってくることになるし、隊員の二次遭難を防ぐのも私の判断によるところが大きい。神岡署時代に経験した落石や雪崩の恐怖とはまた異質の、「人の命を預かる」という重圧を感じずにはいられなかった。果たして私に務まるのだろうか。

約十年ぶりにもどってきた高山は、新しい道路や店ができたことによって街の雰囲気がガラリと変わっていて、なんとも不思議な感覚だった。山岳警備隊員も、私がいたころとはほとんどメンバーが入れ替わっていた。しかし街や人が変わっても、訓練に明け暮れた北アルプスはなにも変わっておらず、まったく昔の記憶のままであった。ひょっとしたら、山は今まで静かに私を見守っていてくれたのかもしれない。

また、山だけではなく、谷口さんの人なつっこい笑顔も昔のままだった。

「おう、久しぶりっ。頼むさなあー」

谷口さんに笑顔でそう言われると、仕事の重圧もどこかへ行ってしまうような気がしたのだった。

「気持ち」を込めた救助活動を

高山警察署に赴任してしばらく経ったころだった。槍ヶ岳へ向かっていた四名パーティのうち、五十歳代の男性が登山中に胸を押さえて突然倒れた、との通報が入った。同行者が心臓マッサージを施したが蘇生しない、とのことだった。

ただちに県警ヘリを要請したが、航空隊の基地がある各務原からは、北アルプスまで三十〜四十分かかる。また、要請を受けてもすぐに飛べるというものではなく、飛び立てるまでにある程度の時間も必要となる。ケースバイケースだが、遭難が発生してから遭難者を病院に搬送するまでに、最短でも二時間ぐらいはかかるのだ。

私は正直、「どうしようもない」と思っていた。おそらく心臓疾患で倒れたのだろうが、山は平地と違って救急車ですぐに病院に運び込めるものではない。二時間も心臓が止まったままで助かるわけがない、というのが偽らざる気持ちだった。

しばらくして県警ヘリが鍋平ヘリポートに飛来し、現場へ降下する警備隊員を搭乗させて現場へと向かっていった。降下するのは陶山隊員（現・小隊長）。いつも信頼の置ける、ベテランの隊員である。彼が降下し、遭難者をピックアップするのにそれほど時間はかからなかった。

ヘリで救助された遭難者は通常、高山市内のヘリポートまで搬送され、消防救急隊へ引き継ぐことになる。私は無線で状況を聞きながら、高山警察署から車で約五分のところにある宮川緑地公園へリポートへ向かった。消防にも連絡を入れ、救急車にヘリポートで待機してもらっていた。救急隊員には状況を説明し、遭難者の心臓が止まってからもうかなりの時間が経っていることを伝えた。

間もなく、遭難者を乗せたヘリがもうすぐ宮川緑地公園へリポートへ進入するという無線連絡が入ってきた。私はヘリポート周辺の天候と風向を無線で伝え、ヘリの誘導態勢に入った。けたたましいプロペラ音と風に煽《あお》られながら、遭難者を搬送するために私は着陸したヘリのドアへと向かった。

そのドアが開いた瞬間、冷水をぶっかけられたような気持ちになった。

「イチッ、ニッ、サンッ、シッ、ゴッ！」

陶山隊員が必死の形相で心臓マッサージを施していたのだ。生き返れ、と言わんばかりに。私は待機していた救急隊を呼んで、いっしょに遭難者を担架に乗せた。救急隊は心臓マッサージを引き継ぎながら、病院へと向かっていった。

結果的に遭難者は助からなかった。思ったとおり、心不全であった。病院には遭難者の両親が駆けつけてきていた。妻はショックのあまり、外に出ることができないのだと言っていた。下山して病院にやってきた同行者らも、「倒れてすぐに心臓マッサージをしたのですが……」と、肩を落としていた。

「どうもありがとうございました」

そう言って頭を下げる両親に対し、私も頭を下げるだけでなにも言うことができなかった。

私は真剣に救助活動に取り組んだのだろうか。情報による先入観で「助からない」と決めつけていなかっただろうか。「この人を助けよう」という気持ちが弱かったのではないだろうか。そんなことを考えずにはいられなかった。

救助にしろほかの警察活動にしろ、根幹を成すのは「気持ち」だということを痛感した。

それから数日が経ったころ、亡くなった遭難者の妻から署に電話がかかってきた。応対した私に、彼女は「なぜ救助されるまでに時間がかかったのか」と尋ねてきた。それを聞いて、救助の方法を非難するために電話をかけてきたのだろうかと思い、言葉を選びながら対応した。

「山で倒れても、平地のように救急車で運ぶわけにはいかない」「ヘリを呼んでもある程度の時間がかかってしまう」というようなことを説明すると、続けて彼女はこう言った。

「葬式が終わってバタバタしていて……。ようやく少しひと息つけたけれど、まだ現実を受け入れられずにいます。当時のことは親から聞きましたが、私は病院に行けず、直接聞けなかったものですから……」

「わかりました。ご両親にはひととおり説明しましたが、再度同じように説明します」

そう言って、私はできるかぎり丁寧に状況を説明していった。

彼女は私の説明に聞き入っていた。説明が終わると、深いため息のような息遣いが聞こえてきた。

「そうだったんですか。心臓が悪いなんてことは、今までまったくなかったのに……」

そう言ったのち、彼女はこう続けた。

「どうすれば主人は助かったのでしょうか……。私はどうすればよかったのでしょうか……」

その言葉を聞いて、私は初めて彼女が電話をかけてきた理由がわかった気がした。決して警察や救助方法などを非難したかったのではない。彼女は心のどこかで「夫が死んだのは自分のせいだ」と、自分自身を責めていたのではないだろうか。日常生活のなかのごく些細な、ふつうに考えれば病気とはまったく関係のないことであっても、人生を連れ添ってきた妻にしてみたら、それらのひとつひとつを病気と結びつけて、「自分のせいだ」と思い込んでいたのではないだろうか。

私は心が揺らぐのを感じながら、言葉を続けた。

「決して自分を責めないでください。原因はひとつではありません。天候とか体調とか、いろんな理由があると思います。奥さんひとりの責任ではないのですから」

しばらくの沈黙のあと、堰を切ったような嗚咽《おえつ》が聞こえてきた。それまで夫の死を受け入れられなかったのが、受け入れざるを得なくなってしまったのかもしれない。

嗚咽を聞きながら、私も目頭が熱くなった。

「ありがとうございました……。ほんとうに……、ありがとうございました」

最後に彼女はそう言って電話を切った。

人と言葉を交わすときは、気持ちを交わすように心掛けなければいけないと痛感した出来事であった。

登山者の義務と責任

「西穂から槍ヶ岳に向かった息子がいまだに下山しない」という母親からの通報があったのは、二〇一五（平成二十七）年一月十三日のことである。前日に「今、涸沢と北穂の間にいる。食料がほとんどない。顔が凍傷になっている」との音信を最後に、連絡が取れなくなったという。登山計画書に書かれていた予備日も使い果たし、最終下山予定から二日も遅れての届出だった。

この冬は十二月からの豪雪で雪が深く、前日にも笠ヶ岳に取り残された遭難者を三日がかりで救助したばかりだった。私は過去の滝谷でのレスキューを思い出し、最悪の場合、滝谷に落ちている可能性を考えた。

その日は天候がよかったことから、航空隊に依頼して県警ヘリで捜索に入ってもらった。しばらくして、遭難者が住んでいる地元の警察署から連絡が入った。「遭難者の息子と連絡が取れた。今、槍ヶ岳の山頂にいる」とのことだった。

本人の携帯電話には、本署から課長が直接連絡した。「元気だが救助してほしい」という。なんとなく釈然としなかったが、折からの豪雪のうえ、食料も尽きたというので、見捨てるわけにはいかない。天候の急変も考えられる。ヘリは今、本人の目の前を飛んでおり、議論している暇はない。ただちに隊員が降下し、要救助者をピックアップした。そののち、降下隊員からは「遭難者は顔面に凍傷を負っているものの、本人曰く、救急車は要らない、とのこと」という連絡が入ってきた。

宮川緑地公園のヘリポートに搬送されてきた遭難者は、年齢よりは若く見える二十八歳の若者だった。ヘリが飛び去った後、若者はニヤリと笑って言った。

「母親が通報してすみませんでした」

それを聞いて、少しカチンときた。「それは違うだろう。これは少しお灸《きゅう》を据える必要があるな」というのが、そのときの正直な気持ちだった。

「なぜ救助を求めたの」

「母親にこれ以上、心配かけたくなかったので……」

よく意味がわからなかった。北アルプスでも最難と言われる西穂高岳〜奥穂高岳〜北穂高岳〜槍ヶ岳の稜線を冬に縦走しようとするような若者から、「母親に心配をかけたくなかった」という言葉が出てくるのが意外だった。

署で詳しく事情を聞いたところ、吹雪で北穂付近の岩陰で二晩ビバークしたのち、南岳小屋までたどり着いたが、携帯電話の電波状態が悪くて母親に連絡できなかったという。槍ヶ岳へ登頂したときに、安否を心配する母親からのメールがたくさん入っていることに気づき、そこで母親に連絡を入れたとのことだった。

話はわかった。しかし、それを自信満々に話す若者の態度に違和感を覚えた。予備日を使い果たし、最終下山予定日を過ぎてでも槍の山頂を目指した理由を聞いてみると、若者はなぜか誇らしげに、少し頬を緩めながらこう言った。

「これで最後にしようと思っていたし。それに、限界に挑戦したかったので……」

「で、なにが問題になっているのかわかるかな」

その問いに対し、しばらく黙っていたのち、「南岳小屋で、僕が母親に連絡しなかったことが悪かったんですか」と若者は答えた。

この言葉を聞いて、いっしょに立ち会っていた地域課長が私より一瞬早くプチンと切れた。

「母親に心配させた時点で、君の登山は失敗なんだ！」

若者は意味がわからなかったようで、キョトンとしていた。彼の話を聞いて、それも仕方がないのかなと思った。

幼いころから父親（すでに他界しているという）に連れられて山に行っていた影響で山が好きになり、山に登るためにアルバイトをして、稼いだお金は山と山道具に注ぎ込んできた。できれば海外のあちこちの山を渡り歩きたかったが、そのような生活を送ることに母親はあまりいい顔をしなかった。そこでとりあえず定職に就くことにし、これで最後にしようと思って大好きな槍ヶ岳を目指したのだという。前年も同じコースを計画したが、途中で断念していることもあり、今回はどうしても歩き通したかったそうだ。

山好きに悪い者はいない、というのは私の勝手な私見である。「悪い」というのは、法を犯す犯さないではなく、人間性の問題だ。少なくとも私はそう信じている。

だからこの若者に対しても、なにが問題だったのか、懇々と説明した。二十八歳とはいえ精神的にまだ未熟なこの若者に、山に登る者の義務と責任に気づいてほしかったし、私も心を伝えたかった。時折、頷きながら、彼は私の話に聞き入ってくれた。その目は充血しているようにも見えた。

多少はわかってくれただろうか。最後に若者は深々とお辞儀をして、大きなザックを再び担いで警察署から駅へと歩いていった。

なにはともあれ、無事に母親の元へ帰すことができたことだけはよかったと思っている。

警備隊員に求められるもの

川端佐千夫——高山警察署奥飛騨交番　一九六一年、岐阜県高山市出身

個人装備品の徹底した管理

地元・飛騨地方の高校を卒業し、一九八〇（昭和五十五）年四月に岐阜県警察に採用されてから三十四年が経過、現在、まさに「おじちゃん族」真っ盛りである。

岐阜市北部を管轄する警察署から始まった我が警察人生は、田舎者の私にとって、取り巻くすべてのものが新鮮だった。ミスをするたびに上司や先輩から叱られつつも、徐々に仕事や生活環境に慣れていく過程を、どこかしら楽しんでいたように思う。

そんな折、当時二十二歳だった一九八三（昭和五十八）年十月、思いもよらない異動の発表があった。異動先は、署員が三十数名しかいない飛騨方面の小規模署。ささやかな青春を岐阜市で謳歌している最中での辞令とあって、かなりのショック

だったことを今でも記憶している。ただ、そこは実家に近い場所だったので、心にある程度の余裕を持っての赴任となったことは救いだった。

しかし、そこで私を待ち受けていたのはさらなる辞令で、配属先には「山岳警備隊」の文字が記されていた。

実家から望める北アルプスは、私にとっては空気のような存在で、とくに気に留めることもなく、毎日、無意識的に三〇〇〇メートル級の山々を眺めていた。そんな身近な存在の北アルプスではあったが、登ったことがあったのは焼岳ぐらい（あとは白山）。それでも当時はまだ若かったし、多少脚力にも自信があったので、どうにかなるだろうと安易に考えていた。前任者からは「今度、山の警備隊を引き継ぐで、ま、頼むわい」と言われ、引き継ぎのときも、山岳訓練の内容や遭難の実状すらよく知らされなかったこともあって、「山の警備？　はいはい」ぐらいの軽い気持ちだった。

異動も無事終わり、間もなくして飛騨地方には厳しい冬が到来した。ある日、山岳警備隊員に任命されたことすらすでに忘れていた私に、冬山訓練実施計画書が手渡され、否応なく二泊三日の冬山訓練に参加することになった。

個人装備を押し込んでかなりの嵩《かさ》となったザックを背負子に横付けし、その上に共同装備の食料やテントなどを詰めた段ボール箱を載せ、さらには焦げだらけの鍋を逆さにかぶせれば、新隊員一人分の荷物が完成する。今みたいにレトルトやドライフーズなどはなく、肉や野菜などをそのまま持っていっていた時代である。背負ってみると、これまで経験したことのない重量に両肩の肉が悲鳴を上げた。

中部地区を襲った昭和の「五六豪雪」の余波なのか、その冬もかなりの降雪があり、飛騨全域は訓練前日まで大雪に見舞われた。それが一転して訓練初日は快晴の天候に。前日までの降雪で膝上まで埋まるなか、ワカンを履いてのラッセルがはじまる。大げさかもしれないが、私にとってはまさに未知の世界への扉がこのとき開いたのだった。

初日は西穂山荘までの行程だが、慣れないワカン歩行のうえ、踏み跡も不安定とあって、背負子のバランスを取るのが非常に難しい。踏ん張ってなんとかバランスを保持しながら進むが、不意のくぼみに足を取られ、重みに耐えかねてバランスを崩し、前のめりに倒れてしまう。起き上がろうにも足場が不安定で、踏ん張りがきかない。荷重のすべてが片方の肩に集中し、激痛が走る。急いで起き上がらなければばと、焦れば焦るほど、なかなか立ち上がれない。その動作だけで、温存していた体力が一気に消耗する。

悲壮感を滲ませながらそんな転倒を幾度となく繰り返し、足が痙攣するのをだましだまし前進し、黙々と苦痛に耐えた時間がどれほど長く感じられたことか。

「俺はこんなことをするために警察官になったんじゃない」

と心の中で叫びつつ、それでも先輩や仲間と励まし合って西穂山荘、初日の目的地に到達したときは、それまで感じたことのない達成感がふつふつと湧き上がってきた。結晶化した塩と汗にまみれた顔を、サラサラの粉雪で洗ったときの感触は、今でも忘れない。

こうして私の山岳警備隊員人生がスタートしたわけだが、救助活動や訓練を通して山の恐ろしさを五感で感じながら、先輩隊員らから多くのことを学んでいった。

なかでもとくに厳しく指導されたのが、個人装備品の管理の徹底についてである。個人装備品のなかにはハーネス、ヘルメット、カラビナ、アイゼン、ピッケルなど、自分の命を守るための道具が数多くあり、ひとつでも不備（故障）があったりすれば、自分の身を危険にさらすだけではなく、仲間にも迷惑をかけ、場合によっては命を落としかねない最悪のケースを招くことも充分に考えられる。

まだ隊員として未熟だったころ、ブリザードが吹き荒れる北アルプスの稜線での訓練のときに、ゴーグルと目出帽を忘れたことがある。仕方なしにヤッケのフードを深くかぶって風を防ごうとしたが、強風から顔を守ることで精一杯で、とても訓練どころではなかった。幸い、しばらくして強風は和らぎ、剥《む》き出しの頬と鼻に軽い凍傷を負っただけですんだが、訓練に集中できない状態でなにかミスをおかしていたらと思うとヒヤッとする。

また、新しい冬用ブーツの配給を受けたときには、訓練の直前までうっかりアイゼンの調整を忘れていたのに気づいたこともあった。もしあのまま気づかないでいたら、現場でアイゼン着装の指示が出たときに真っ青になっていたはずだ。先輩隊員からは「お前、今さらなにしとる！」と喝が入り、新隊員の前で恥ずかしい思いをしていたことだろう。

こうしたことがもし実際の救助活動のときに起きていたら、二重遭難を招くことにもなりかねないのである。仕事のみならず、ふだんの生活のなかでも失敗やミスなどの苦い経験から学ぶことは少なからずある。過酷な状況下では、身をもってそれを知らされることになる。ましてや命に関わることであれば、なおさら再発防止のための意識を高くしなければならない。

警備隊員である以上、日ごろからの個人装備の点検・整備および出発前のチェックは、絶対に欠かしてはいけない作業のひとつである。自分の装備の点検や確認を怠らないのは当然として、余裕があれば新隊員の装備にも気を配り、必要とあればアドバイスをするよう心掛けている。老婆心ながら、ときとして若手隊員に「これはOKか」「あれは大丈夫か」などと言い添えることがあるが、それは不備を点検する習慣を身に着けることが、活動の支障を回避できるポイントになると考えているからだ。

だからときに汚い靴を履いてきたり、泥だらけのスパッツを持ってきたりする新隊員がいると、「なんや、その汚い靴は。前回の訓練のあと、洗ったのか。ちゃんときれいにしてこい」とどやしつける。

汚れたままのものを次回も使用することなど言語道断であり、救助や訓練から帰ってきたあとには道具のメンテナンスをしっかり行なうべきなのである。

ところで山岳遭難救助活動は厳しい条件下での出動を迫られることも多く、予期せぬ自然環境の変化などを想定し、それらに対処できる態勢で臨むことが重要になってくる。「二次災害の絶無」はあらゆる現場で言われていることであり、山の場合、とにかく二重遭難だけはなにがなんでも避けなければならない。

近年の救助活動は、機動力を駆使した航空隊のヘリコプターによる捜索・救助が中心となり、その威力は計り知れないものがある。ヘリコプターレスキューが従来の救助活動と大きく異なっているのは、短時間でピンポイントに隊員を現場に導入でき、また救出後は負傷者を素早く病院等に搬送できることである。しかし、そのためには遭難者および隊員の安全を確保したうえでの、現場に即した冷静で的確な判断と行動が求められる。よって警備隊員は高度な救助技術を習得しなければならず、入隊当初の私のような安易な考えでは務まらないのが現状となっている。

まだ経験の浅い若い隊員にとっては、慣れない救助活動に対する不安は大きく、プレッシャーもハンパではないと思う。昔の私も、「先輩や仲間といっしょだから大丈夫だ」と自分自身に言い聞かせながら、せめて足手まといにならないよう自分の足を信じてがんばるしかなかった。そうやって経験を積み、また訓練を重ねることによって、徐々に自信と勇気が湧いてきて、警備隊員として成長していくのである（私の場合、これまでとくに場数を踏んできたわけでもないので、今でも不安要素は払拭されてはいないが）。

ただし、自信を持つことによって生じる油断や慢心には充分注意しなければならない。山岳遭難救助活動には、自信を持って前向きな姿勢で取り組まなければならないのは言うまでもない。だが、場慣れして自信を持つと、些細なことに注意が行き届かなくなることもあり、それが小さな判断ミスや失敗につながり、結果的に自分はおろか、ほかの隊員や遭難者の生命までをも危険にさらしてしまう恐れがある。

車の運転がいい例だろう。免許を取るために自動車学校に通っていたとき、誰もが教官から口酸っぱく「安全確認の励行」を指導されたはずである。それが免許を取ってしばらくすると、安全確認もおざなりになってくる。「シートベルトよし」「前方後方左右よし」「信号よし」などと声に出して、手本のような運転をしている人が、果たしてどれだけいることやら……。

だが、現場において、気づかずに見逃してしまうミスや失敗をなくすためには、自動車学校で習ったような、「指差し呼称」を加えた再点検・再確認が非常に有効となってくる。私はこれが習慣となっていて、パトカーや自家用車を運転しているときでもついやってしまうクセがある。子どもを乗せていたときには「お父さん、なに指差しているの」と言われてしまったが、アクションを加えた注意喚起はなかなかいい。それが二次災害や二重遭難を防ぐための第一歩だと、個人的には考えている。

一般登山者が一日の行動をはじめるときや、危険箇所を通過するときなども、これを行なうことでリスクに対する心構えが高まってくるはずである。ぜひお試しいただきたい。

ケガからの再出発

佐々木拓磨――高山警察署丹生川駐在所　一九八〇年、神奈川県出身

運命的な警備隊との出合い

私が山岳警備隊員になって、ちょうど十年が経った。警備隊員になるため、生まれ育った神奈川を離れて岐阜県警察に就職。そして希望がかなって山岳警備隊へ入隊し、これまでさまざまな現場へ出動してきた。振り返ってみると、自分の思ったとおりにやってこられて、これほど幸せなことはないなと改めて感じている。

神奈川県の私の実家は住宅街にあったが、裏手には小さな山があり、子どものころは外で野遊びばかりしていた。大学までは本格的な登山の経験はなく、中学時代に東京の奥多摩でキャンプをしていたときに山中で道に迷った覚えがあるくらいだ。

ところが、明治大学に進学して山岳部に入ったことで、それまでの人生観を一八〇度変えられるような劇的な体験をすることになる。最初の合宿では、キスリング

を背負っていきなり残雪の北アルプスに一週間こもり、みっちり鍛えられた。伝統ある部だったので、上下関係はとても厳しく、九人いた新入部員は最終的に二人だけになってしまった。振り返れば、理不尽なこともたくさんあった気がするが、なまじ山を知らなかったのがよかったのだろう。「こんなものなのか」とすんなり受け入れられたし、やることなすこと、すべて新鮮だった。

大学二年のときには、六月の剱岳早月尾根で同期の部員が目の前で滑落するという事故を経験した。滑落距離は数百メートル。ふつうだったら命はなかったが、落ちていく途中でピッケルが木に引っかかり、運よく止まることができた。ただし、ピッケルバンドをかけていた手首に衝撃がかかって重傷を負ってしまったため、富山県警に救助を要請し、警察のヘリコプターで救助された。

また、その年の冬、毛勝山に行ったときには大雪で予備日を使い果たし、あわや遭難騒ぎ寸前までいったこともあった。なんとか下山してきて林道を歩いていると、上空を富山県警のヘリコプターが旋回しているのが見えた。われわれが救助要請したわけではなかったが、このときは大雪による遭難事故が相次いでいたため、下山遅れを心配して安否を確認しにきてくれたのだろう。

大学山岳部の先輩のなかには、卒業後、山岳ガイドになったりヒマラヤに行ったりしている人もいたが、私には「困難な山に登りたい」という欲はなかったし、将来どうしたいのかもあまり考えていなかった。

しかし、青い機体にオレンジ色のラインが入った警察のヘリコプターを一度のみならず二度目撃したことが、今思うと私の将来を暗示していたのかもしれない。山の守護神になるべく導かれたのだと考えると、今この岐阜県で山岳警備隊員になっていることが運命のような気がしてならない。

警備隊員として十年活動してきて、数多くの救助活動に携わったが、正直言うと、ひとつひとつの現場についてはあまりよく覚えていない。活動中は努めて平静になろうとし、とにかく安全で確実に作業することだけを心掛けていたからだろうか。また、登山者に感情移入してしまうと救助に影響が出てくるので、あまり深く立ち入らないようにしていたのも確かだ。さらに、警察官としての仕事は山岳遭難救助だけではなく、やるべきことがほかにもいろいろあり、過去を振り返っている暇などほとんどないのも一因であろう。そこでここでは、私がケガから学んだことについて書こうと思う。

長く登山をしていれば、誰でも大なり小なり失敗をしたことがあるはずだ。私は、登山中や遭難救助活動中に大きな失敗をしたことこそないが、二〇〇九（平成二十一）年九月、ソフト警棒を使った逮捕術の訓練をしているときに、アキレス腱断裂という大ケガをしてしまった。山でケガをするのだったらまだ納得がいったかもしれないが、まさか平地で重傷を負うようなことがあるとは思ってもいなかったので、けっこうショックだった。

ご存知の方も多いかと思うが、アキレスという神話上の人物が踵を射られて死んだという話に基づいて名づけられたのがアキレス腱である。「致命的な弱点」という意味で用いられるように、アキレス腱が切れるとまったく歩けなくなってしまう。

私の場合、腱をつなぐ手術をしたあと、硬直した足を回復させるために、底の高い靴を履いて歩くリハビリを行なった。ケガをする前までは体になんの問題もない健康体であったため、満足に歩けないのがなんとももどかしく、リハビリ期間は気が遠くなるほど長いものに感じられた。

六カ月経って、ようやく元どおりふつうに歩くことができるようなったが、筋力がそうとう低下したうえ、またいつアキレス腱が切れるかもしれないという恐怖感に苛《さいな》まれた。ただ、登山は激しい動きや瞬発的な動きをすることが少ないので、ほかのスポーツと比べて再断裂のリスクがあまりないことが不幸中の幸いだった。

改めてケガに至る経緯をよく考えてみると、このケガはするべくしてしたものであり、偶然ではなく必然であったと思う。

その当時、私はまだ若く、体力もいちばん全盛期のころだった。大学山岳部で鍛えられたことで体力には自信があったし、警察官になってからは、非番や休日などの空いた時間はほとんどトレーニングに充てていた。

私にとってのトレーニングは、とにかく山に行くことである。トレーニングしない日はほぼ皆無で、時間が取れないときは、一時間ぐらいでさっと行ける近くの山を歩きにいっていた。アスリートがトレーニングを休むと不安を感じるように、そのころの私も山に行かないと不安になるような状態だった。頭の中はすべて山のことで埋め尽くされていた。山岳警備隊員というよりも、まだ一登山者の延長上のような気持ちだったのだろう。

剣道や逮捕術の訓練のときも、山に対する勢いそのままに、激しい動きばかりを繰り出していたため、ある人からは「お前の動きは激しすぎる。絶対にアキレス腱を切る」と注意されていた。そんな言葉も当時の私には馬耳東風で、「まだ歳も若いので、絶対に大丈夫」と、聞き入れようとはしなかった。まさに猪突猛進そのものだったと思う。

その挙句が、忠告どおりのアキレス腱断裂であり、辛いリハビリの毎日であった。だが、ケガをしたことは自分にとってよかったと今は思っている。もしあのころの勢いのまま突っ走っていたら、遅かれ早かれ山で遭難しているか、救助活動中に事故に遭っているような気がするからだ。

そうなる手前で、「それじゃダメだよ」と気づかせてくれたのがあのケガだった。変な言い方かもしれないが、あのケガのおかげで再び山に登ることができるようになったし、遭難救助活動にも問題なく携われている。そういう意味では、感謝しているといってもいい。

ただ、ケガをしたときはちょうど結婚した直後のことで、新婚生活が介護の毎日になってしまったことは、妻に申し訳なく思っている。

ケガから六カ月が経過した三月のある晴れた日、リハビリと称し、回復具合をチェックするために、単独で山スキーに出かけていった。場所は乗鞍連峰の北角に位置する猫岳。このルートは、過去に何度も滑って熟知していたので、回復具合を測るには最適だと判断したからだ。なにか問題が生じた場合でも、乗鞍スカイラインにエスケープして下りてくることができるので心強かった。

いざ登りはじめてみると、これまでに感じたことのないような疲労感を覚えたが、思っていたより順調に頂上まで行くことができた。下る斜面はアイスバーンとなっていて、ケガをする前でも滑降するのはためらうであろうほど困難なコンディションだった。

以前の私だったら、体力にものをいわせ、雪面をパワーで抑えつけて強引に滑っていたと思う。しかしこのときは、乗鞍スカイラインに沿ってゆっくりと滑り、危ないなと思った箇所ではスキー板を外して歩いて下りた。

他人から見れば些細なことかもしれないが、無事に下りてきたときに私が感じたのは、「これから山岳警備隊員としての新たな一歩が始まるんだ」という、清々しい気分だった。

以上、私の体験について書いてきたが、どんなベテラン登山者がどんなに気をつけていても、山に登る以上、「絶対に遭難しない」「絶対に事故を起こさない」という保証はまったくない。これまでに救助された遭難者にしても、まさか自分が遭難するとは思ってもいなかっただろう。私だって、自分では細心の注意を払って遭難救助活動を行なっているつもりだが、今後どうなるかはわからない。いくら慎重にしていても、事故は起きる。

だが、事故の前には、兆候なり転機なりが必ずあるはずだ。それは個人的な問題かもしれないし、組織的な問題かもしれない。

人は失敗して成長するといわれるが、山では一度の失敗が致命傷になってしまうこともある。山の厳しい自然の前では、初心者だろうがベテランであろうが、山岳警備隊員であろうが、等しく危険にさらされる。その危険に飲み込まれないようにするには、日々トレーニングを積み重ね、身の丈に合った登山を地道に実践することだ。

山に携わる人間として、今後も救助に関わる者が事故に遭わないよう細心の注意を払うとともに、読者の方には本書を山岳遭難防止の一助にしていただければ幸いである。

第6章　御嶽山の噴火

御嶽山の噴火と救助活動

奥谷治朗——高山警察署デスク　一九七三年、岐阜市出身

緊急招集

二〇一四（平成二十六）年九月二十七日の土曜日、私は仕事が休みだったので、妻と子どもといっしょに高山市内の市民公園で行なわれていた催し物会場に遊びにきていた。絶好の行楽日和とあって、会場は人でごった返していた。私の三人の子どもは人込みに紛れてしまい、見失わないように、はしゃいでいる子どもらを見つけては人込みに紛れ、の繰り返しだった。やきもきしながらも、あまりの行楽日和に家族といっしょに過ごせる幸せを感じていた。

午後二時半ごろだったと思う。私の携帯電話が鳴った。署の宿直員からの電話で、彼は唐突に「御嶽が噴火しました」と言った。

「なにを冗談言っているんだ。ところで用件はなんだ」

「冗談ではありません。噴火したんです。ケガ人が出ています。招集です」

え、噴火？　しばらくピンとこなかったが、そういえば市内にもなぜか真っ白になった車がチラホラと走っているのを見たような……。あれは火山灰だったのか。

私は妻に事情を話し、急いで車をピックアップしにいった。こんなときに限って、あまりにいい天気だったので、遠くの駐車場に車を停めて歩いてきてしまったのだ。街中から城山の高台まで走り、車を取っていったん官舎へもどった。この時間からでは確実に泊まりになる。噴火している山で救助活動を行なうことがどういうことなのか、想像もつかなかったので、何日間の泊まりになるのかはわからなかった。とりあえずザックに荷物を詰め込み、車に飛び乗った。途中で妻と子どもを拾い、署で私だけ下りて車を妻に任せた。

それまでにかなり時間がかかってしまった。署にはすでに隊員が集まっていて、署長から状況を聞き、早速現場へ向かうことになった。

御嶽山は、高山署の隣の下呂警察署の管轄である。下呂署にも数名の山岳警備隊員が配属されており、たまたま市の職員といっしょに御嶽山をパトロールしていた隊員一名は、すでに現場で避難誘導をはじめているという。下呂署のほかの隊員二名も、麓から山頂方面に向かっているそうだ。しかし、ケガ人を搬送するには人数が全然足りないので、当然、応援が必要だった。

御嶽山の麓、濁河に着いたときは、夕方五時を回っていた。

無線連絡は、「山頂付近から岐阜県側へ避難した者約八十名、ケガ人二名のうちひとりは重傷。山荘のスタッフが応急手当てを施したが、肩付近を開放骨折しており、担架での搬送が必要」と伝えてきていた。県警本部からは、「とにかく噴火による危険区域からすぐさま登山客を避難させたうえで下山させるように」との指示だった。

登山者とケガ人はすでに五の池小屋へ避難済みだった。ただし、暗闇のなか、ヘッドランプを頼りに重傷者を担架で下ろすには少なく見積もっても四時間はかかるものと思われた。担いで下ろすのならまだしも、夜間の狭い登山道を担架で運ぶには、隊員にとっても危険が伴うし、ケガ人を無事に下ろせる自信もなかった。

さらに、御嶽山から下りてくる冷えた空気も気になった。担架で搬送されるケガ人は、自分で動いていないのでかなり冷えるはずだ。ケガ人が日帰り登山のつもりであったなら、充分な防寒具も持っていないだろう。それを考えると、無理して下ろすほうがケガを悪化させる可能性が高いように思われた。

そうしたことを踏まえ、本部に「明日、朝いちばんで下ろしたほうがいい」と報告をし、われわれが午前四時に麓を出発して、夜明けとともにケガ人を搬送する方針が決定した。ついては地元の御嶽救助隊の方々の応援も得られることになったので、心強かった。

その晩の宿泊地となった濁河スポーツセンターでは、夜遅くまで調整が続いた。センターでテレビを見て、長野県側の山頂、剣ヶ峰付近で死傷者が多数に上っていることを初めて知った。これはどえらいことになった、と思った。

三時間ほど仮眠をとって食堂へ行くと、山のような握り飯やパンなどが用意されていた。スポーツセンターの職員の方が、救助へ向かうわれわれや救助隊の方々のために不眠不休でつくってくれたのだった。職員は三人しかいないはずだったので、頭が下がる思いだった。

登山口は報道陣でごった返していた。ふだんなら静寂が漂っているのであろうが、このときは不似合いな報道用の照明がまぶしくあたりを照らし出していた。

五の池小屋へ

そのなかを抜け、ヘッドランプの明かりを頼りに暗闇のなかを五の池小屋へと向かった。闇のなかで、サラサラと白い雪のようなものが上から落ちてきていた。あとからわかったのだが、木々の上に降り積もった火山灰が風に揺られて落ちてきていたのだった。このときは火山灰が人体に与える影響がまだわからなかったので、みんな通常のマスクをしていた。当然、呼吸は苦しかった。私はたまりかねて途中でマスクを外した。マスクをして山へ登るのは初めてだったし、マスクをして登った人などいないだろうと思った。

二〇～三〇歳代の隊員にはさすがについていけなかった。睡眠不足もたたってか、隊列のほぼ最後尾を歩いていた。やがてあたりが白みはじめ、御嶽山の様子がうっすら見えてきた。恐ろしいほどの噴煙が濛々《もうもう》と上がっているのが見えた。

早い隊員はすでに五の池小屋に着いていた。小屋まであと十分程度のところまで来たときに、「小屋に避難していた登山者に下山を指示し、重傷の女性を担架で下ろしはじめる」と無線が入ってきた。そのころには夜も明け、森林限界を超えた岐

9月 27日 11時 52分、突然、大噴火した御嶽山

阜県側の斜面には、火山灰がうっすらと積もっているのが確認できた。天気はよく、風は基本的に西から東へ吹いており、岐阜県側に火山灰が降り注ぐことはなかった。

だが、それでもヘリの出動は見込めないという。火山灰にはガラス片が含まれていて、少しでもヘリのエンジンが吸い込んでしまうと、ガラス片が溶けてエンジンが止まる危険性がある、とのことだった。たとえエンジンが止まらないまでも、今回の出動だけで県警ヘリがもう使えなくなってしまう可能性もあるという。

間もなくして、重傷者を担架で運んできた隊員らが上から下りてきた。ケガ人の女性は毛布で厳重にくるまれて担架に載せられていた。隊員に「ヘリは見込めないので、われわれががんばって麓まで下ろすしかない」と伝え、途中に休憩を挟みながら、警備隊員と救助隊員が一丸となって担架を持ちながら狭い登山道を下りていった。

長く辛い山小屋でのひと晩を過ごしたうえ、われわれに何時間も身を委ねなければならないケガ人の女性は、不安でいっぱいだったと思う。せめて少しでも不安を取り除くために、「必ず助かります。絶対に助けますから、安心してください」と声をかけると、女性は目を閉じたままコクリと頷いた。この女性にとって、長く辛いひと晩だったと思う。辛い思いをさせたことを、申し訳なく思った。

別動隊の隊員の一部は、「山頂方向から五の池小屋のほうへ下りてくる登山客がひとりいる」との情報を得て、小屋から山頂方向へ向かっていた。しばらくして、その登山者と合流した隊員から「火山灰にまみれているが自力歩行可能」という連絡が入ってきた。昨日、隊員は二の池新館付近から登山客を誘導・避難させたのだが、その登山者は遅れて二の池新館へ避難してきて、ひとりで夜を明かしたとのことだった。

重傷者の搬送を開始して二時間ほどが経過し、若い隊員のなかにはやや疲労の色が見えてくる者もいた。そんななか、航空隊が無線で「県警ヘリの出動準備をしている」と伝えてきた。航空隊にとっては、火山灰による危険があるなか、ヘリを飛ばすことには大きな不安があったはずだ。「それでも飛ぶ」という判断をしてくれたことに、胸が熱くなった。

ヘリによる搬送

ヘリが森林限界付近で負傷者をピックアップすると、火山灰を舞い上げてエンジンに入ってしまう危険が考えられた。しかし、もう少し下がって森林内へ入れば、うっすらと積もっている火山灰は朝露で湿っているため、上空の高い位置で作業を行なえば問題ないだろうと思われた。火山灰の状況を尋ねてきた航空隊に無線でそう伝えると、「これからヘリがそちらへ向かう」という頼もしい言葉が返ってきた。

ヘリが安全に航行できる保証のない場所を飛ぶのは危険が伴うため、時間はかかるが結果的に地上部隊で下ろすことができるのなら、危険を冒してまでヘリでピックアップする必要はないだろうという意見も少なからずあったと思う。しかし、このとき無線を通して聞こえてきた航空隊員の声からは、「必ずヘリで行くからがんばれ」というメッセージが伝わってきた。これは、常日ごろから訓練を繰り返し、ときには酒を酌み交わしている仲間との信頼関係によるものだったと思う。その気持ちがとてもありがたかったし、たとえ来ることができなくても、そう言ってくれたことだけで充分に力になった。

ケガ人を「お助け水」まで下ろしたところで、病院の医師のチーム「ＤＭＡＴ」のメンバーが登ってきた。ここで医師にケガ人を診察してもらった結果、担架に載せたまま県警ヘリで麓まで搬送することになった。この場所なら火山灰の影響もなさそうだった。

約束どおりヘリが現場へとやってきて、ケガ人をピックアップして飛び去っていった。二ノ池からひとり遅れて避難してきた男性も、隊員が付き添って下りてきた。火山灰を被って真っ白だったその登山者といっしょに下山し、救急隊にバトンタッチした。登山口は相変わらず報道陣でごった返しており、その喧噪のなかをすり抜けるようにして、いったんスポーツセンターへともどっていった。私は、搬送してきた女性の傷口が少しでも広がっていなければよいが、と願っていた。

この御嶽山の噴火によりあれだけの死傷者が出たことを知ったのは、スポーツセンターからいったん自宅へ帰った後のことだった。長野県側には自衛隊が投入されており、岐阜県側は他の隊員による捜索活動が続いていた。私は通常の署のデスク業務にもどっていたが、行方不明になった方々のなかには、私の子どもと同じ年齢の子もいることを知り、とてもいたたまれない気持ちだった。

山岳遭難でケガ人をみんなで下ろして無事救助できたときは、通常であれば、やり甲斐というか、やり遂げたという喜びがあるが、このときばかりは、いまだ御嶽山に残されている人のことを思い、心にやりきれなさが残った。休日の行楽日和の正午、という最悪のタイミングで噴火したことにより、これだけの死傷者が出てしまった、と思わざるを得なかった。天を恨むのは筋違いと思いながらも、恨まずにはいられなかった。

現場で指揮をとることの難しさと責任

西本孝一——下呂警察署　一九八一年、岐阜県高山市出身

御嶽山の噴火

二〇一四（平成二十六）年九月二十七日は当直明けの日だったので、朝八時に下呂署生活安全課での勤務が終わり、書類を書いたり片づけをしたりしたのち、十一時ごろ官舎にもどって仮眠をとった。署の上司から電話がかかってきたのは、その一時間後のちょうど十二時のことだった。

「西本、御嶽山が噴火した。それ以外のことはわからん。ともかく出てきてくれ」

最初はなにかの冗談だろうと思ったが、上司が冗談でそんな電話をかけてくるはずはないし、その口ぶりからも切迫したものが感じられた。これはただごとではないと思い、山岳遭難救助へ行くときの装備——ヘルメット、ヘッドランプ、防寒着、行動食、水など——をザックに詰め、すぐに本署へと向かった。

本署には、この時点ではまだ正確な情報が伝わってきていなかった。「ケガ人は出ていないようだ」「山頂付近に残された人もいないらしい」といった、極めてあやふやな情報ばかりで、現地がどのような状況になっているのかはまったくわからなかった。

私は山岳警備隊員なので、「噴火した」と聞いたときから、「これは山に登ることになるのかな」とは思っていた。その一方で、溶岩がドロドロ流れ出しているような状況をイメージしていたので、「登れるのだろうか」という気持ちもあった。とにかく現地へ行ってみるしかないだろうと思い、なにもわからないまま、御嶽山の岐阜県側の登山口・濁河温泉へと車を走らせた。

濁河温泉に到着したのが午後二時半ごろ。このころになると、「ケガ人が何人も出ている」「山小屋には人が取り残されている」といった情報が無線や電話を通して入りはじめていた。ちょうどこのとき、山岳警備隊員ひとりと民間救助隊員二人がパトロールで御嶽山に上がっており、その警備隊員からも「ケガ人がまだ残されている」という無線が入ってきていた。

しかし、噴火による災害というのは、誰にとっても初めて直面することであった。

また、いろいろな情報が錯綜していたし、指令を出す上層部には山のことを知らない人もいた。しかも上にいた隊員は、入隊して一、二年目の若い隊員で、実際の救助の現場はほとんど経験していなかった。

そこで、多少なりとも現場を知っている私と、近くの駐在所から駆けつけてきていたもうひとりの警備隊員が現場に上がることにした。「山小屋には大勢の登山客が避難してきている」「動ける者は小屋を出発して下に向かっている」という情報も入ってきていた。「行かなければならない」と判断し、「二名で現場に入ります」という無線を入れて、三時過ぎに登山口を出発した。

登っていく途中では、下山してきた何人もの登山者とすれ違った。のちにわかったことだが、この時点で下りてきている登山者は、噴火した剣ヶ峰から離れた五ノ池周辺にいた人たちがほとんどだったようだ。そのため大きなケガを負っている人はいなかったが、みんながみんな、ねちゃねちゃした灰色の火山灰にまみれていた。それを見ただけでも、ただごとではないのが明らかだった。

そんな登山者に「大丈夫ですか」と声をかけ、またときには上の状況を聞きながら登山道を駆け上がり、夕方五時過ぎに五の池小屋に到着した。小屋の周辺には二ミリほどの火山灰がうっすらと積もっており、何度か訓練で来たときに見たのとはまったく違う、異様な光景が広がっていた。

小屋の中には、二十数人の登山者が避難してきていた。みんな火山灰を被っており、疲れた様子で下を向いて座り込んでいた。

畳敷きの一角では、女性登山者が横たわっていた。この女性は、噴石の直撃を受けて左肩を開放骨折する重傷を負っていた。傷を確認すると、傷口がぱっくりと開いて骨が見えており、出血も止まっていなかった。そこで山小屋の従業員に、傷口についている小石などを取り除いてなるべくきれいにし、清潔なガーゼを丸めて傷口に当て、その上から包帯を巻いて圧迫止血するように指示をした。さらに寝かせるときも、患部に血がたまりにくくなるように、左肩の下に布団を数枚重ねて入れ、斜めの体勢をとらせるようにした。

この女性のそばには、左腕に包帯を巻いた男性が柱にもたれかかって座っていた。ケガをした女性の同行者で、彼もまた噴石を受けて左腕を骨折していた。

重傷者はこの二人だけだったが、女性は傷の痛みを訴えており、顔色もだんだん悪くなってきて、気力も徐々に萎《な》えていっているのがわかった。とにかく一刻も早く下ろして、病院で治療を受けさせる必要があった。

このとき小屋には、パトロールで入っていた警備隊と救助隊員の三人と、下から上がっていったわれわれ二人の、計五人の救助関係者がいた。上にいた三人は、噴火後ただちに救助活動を開始し、何人もの登山者を五の池小屋に避難させてきていた。

本署からは、小屋に着いた時点で「できるだけ早い段階で、避難している登山者全員を下ろすように」という指示があった。もう夕暮れにはなっていたが、途中からヘッドランプを点《つ》ければ無理して下りられないこともなかった。しかし、小屋にいた登山者のなかで、ヘッドランプを持っている人はたったのひとりか二人だった。ヘルメットを持っている人がひとりもいなかったのは仕方ないにしても、ほとんどの人がヘッドランプを持っていないことに「まさか……」と思った。

話を聞いてみると、ほぼ全員が長野県側からロープウェーを使って登ってきた人たちだった。比較的容易に登れるということで、気軽なハイキング気分で御嶽山にやってきたのだろうが、「ちょっと山を甘く見すぎているな」というのが本音だった。実際、ほとんどの人は雨具さえ持っておらず、服がそのまま火山灰で汚れているような状況だった。

小屋にいた二十数人の登山者のなかで、ヘッドランプを持っている人が十五人ぐらいいたら、今日中に下ろそうという話もしていたのだが、一、二人だけではとても無理なので、それを無線で本部に伝えた。

女性のほうは顔面蒼白で、返事をするのがやっとという状態だった。その重傷者を背負って夜間下山するのはあまりにも危険すぎるし、女性にかかる負担も大きく、とても体力はもたないだろうと思われた。山小屋のスタッフも女性のことを心配し、「今だったら、体力のある小屋の従業員を何人か出せるので、下ろさないか」と相談されたが、この状況では厳しいことを理解してもらい、最終的に翌朝いちばんで下ろしはじめることに決定した。

次にわれわれが行なったのは情報収集だった。山小屋に避難してきた登山者ひとりひとりに聞き取り調査を行ない、噴火口に近い剣ヶ峰の山頂付近はどんな状況だったのか、行方不明になっている同行者がいるのか、ほかの山小屋に避難していた登山者はいたか、何人ぐらいの登山者が山中に取り残されているのか、などについて話を聞いた。

彼らの話は、想像した以上に生々しく悲惨なものであった。話を聞いたかぎりでも、頂上付近ではかなり多くの登山者が噴火の犠牲になったようだった。

重傷の女性には、山小屋の女性スタッフがずっと付きっきりになっていた。私は下呂市内にある病院の先生に連絡を取り、負傷者の対応について助言をもらえるようお願いをした。女性スタッフは負傷者の状態を逐一お医者さんに報告し、それに対してお医者さんが適切な処置の方法を細かくアドバイスしてくれた。

女性スタッフは家で介護の経験をしたことがあるとのことで、包帯の巻き方などの処置に慣れていたうえ、献身的に負傷者を看病してくれたので、非常に助かった。

この日は秋の紅葉シーズンがはじまった好天の週末だったことから、五の池小屋には一〇〇人近い宿泊客の予約が入っていた。そのため小屋では大量のご飯を用意していたのだが、小屋の計らいでそれをおにぎりにしてくれて、避難者やわれわれに振舞ってくれた。また、寝るときには布団も出してくれて、その上で寝ることができた。火山灰で布団が汚れてしまうことを承知のうえで便宜を計ってくれたのは、ほんとうにありがたかった。

なにか起きたときのために、私は朝までずっと起きているつもりだったが、山小屋のスタッフが「私たちもいますので、ちょっと休んでください」と声をかけてくれたので、しばらく横になることができた。

一方、山麓の濁河温泉には、高山警察署からも山岳警備隊員が応援に駆けつけてきていた。彼らが登山口に着いたときはもう日が暮れていたので、夜が明けてから登りはじめることにして、その日は山麓で一泊した。

重傷者の搬送

翌朝、五の池小屋にいた登山者は五時半ごろから起き出して、小屋が用意してくれた朝ご飯をいただき、準備ができた人から順次下山を開始した。ばらばらに下りていくと、途中の分岐で方向を誤って胡桃島ロッジのほうに下っていってしまう人も出そうだったので、警備隊員を先行させるとともに、五人前後のグループに分けて、そのなかにひとりはこのコースを歩いたことのある人を入れるようにした。

五の池小屋のスタッフは、当初「小屋に残る」と言っていたのだが、山がいつまた噴火するかわからず、本署からはこの山域から人を撤収させるよう言われていた。そこで「いっしょに下りてください」とお願いし、どうにか納得してもらった。

11時 55分、2回目の噴火で、一面鉛色に覆われた王滝頂上山荘

応援隊は夜明け前に濁河温泉を出発し、速い人は六時ごろには小屋に着いていた。自力で歩ける登山者がすべて出ていったのが六時半ごろで、それから重傷者の搬送に取りかかった。

山で遭難者を搬送するための装備には、レスキューハーネスとバーティカル・ストレッチャーの二種類がある。レスキューハーネスは隊員が遭難者を背負って下ろすためのもので、狭くてアップダウンの多い登山道を搬送するときに威力を発揮する。もうひとつのバーティカル・ストレッチャーは山岳用に軽量化した担架で、起伏の少ない平坦な広い道を大人数で運ぶときに適している。

五の池小屋から濁河温泉までの登山道を下ろすには、当然、レスキューハーネスで背負ったほうが楽である。しかし、肩を開放骨折している人を背負うと、歩くときの振動が直接伝わってしまって負担が大きすぎる。そのためバーティカル・ストレッチャーを用いることにして、応援隊にはストレッチャーを背負って上がってきてもらった。

隊員は総勢で十人以上になっていた。負傷者を載せたストレッチャーを六人で持ち、いよいよ搬送を開始する。持ち手は要所要所で交代しながら位置を替え、特定の手だけが疲れないようにした。途中にある岩場は、ロープで確保して越した。負傷者は、ひと晩経ってかなり衰弱しているかと思ったが、小屋の女性スタッフの看病のおかげで、逆に前日よりも顔色はよくなり、会話もできる状態になっていた。腕を骨折した男性は、隊員がひとり付き添い、自力でいっしょに下山していた。

天気はこの日もよく、通常ならば充分にヘリが飛べるコンディションであったが、火山灰が故障の原因になるため使えなかった。だが、八合目のお助け水のあたりまで下りてくると、積もった火山灰は朝露に濡れていて、ヘリが来ても舞い上がらずに済みそうだった。お助け水は樹林帯のなかであるが、小さな平坦地になっているし、長いホイストを下ろせばなんとか吊り上げられそうだった。

そこで無線でヘリの出動を要請し、「朝露で火山灰が湿っているので、今なら舞い上がりません」と説明すると、航空隊も「できる」と決断してくれた。その場で待つこと約三十分、時間は十一時ごろだったか、岐阜県警の「らいちょうII号」が現場にやってきて、あっという間に負傷者をピックアップして飛び去っていった。

標準的なコースタイムで、五の池小屋からお助け水までは約四十分。そこを下ろすのに約四時間かかっていたわけだから、もしヘリでピックアップできなかったら、この日のうちに下りてこられなかったかもしれない。

　実はわれわれが負傷者の搬送を開始した直後、山の上に登山者がひとり残されていることが判明した。その登山者は二の池新館に避難していたようで、その日の朝、自力で下山をはじめながら、携帯電話で本署に連絡してきたのだった。本署から連絡を受けたわれわれは、隊員をひとり二ノ池方面へ向かわせた。しばらくして隊員はその登山者と合流することができ、付き添って濁河温泉へと下山した。

　われわれは下山後も数日現地にとどまり、登山口周辺のパトロールにあたった。十月一日には再度御嶽山に登り、三ノ池避難小屋のあたりまで行って捜索を行なったが、行方不明者を発見することはできなかった。


　この御嶽山の噴火があったとき、私は警備隊員として七年目を迎えていた。前年までは階級としてはいちばん下だったのだが、この年の春にひとつ階級が上がり、現場では責任者として活動する立場になっていた。

　とはいえ、立場が変わって現場に出動したのは、それまでに一回だけ。現場に到着したときは、遭難者はすでに心肺停止の状態で、あとはヘリでピックアップしてもらうだけだったので、現場で判断に悩むようなことはなかった。

しかし、二回目の現場が、よりによって御嶽山の噴火である。それまで経験してきた山岳遭難救助は、負傷者を下ろしてくる、あるいは行方不明になっている人を捜すという、明確な行動基準があった。しかし、このときはどんな状況になっているのかわからないまま現場に行き、行ってから状況を把握し、それからなにをするのかを判断・決定しなければならなかった。そういう意味では、山岳遭難救助とはまったく違った現場だった。

そのなかで警察官としての責任を果たし、また命を救うという絶対的な理念を守らなくてはいけなかったので、正直かなりしんどかった。

とくに悩んだのは、対処のための選択肢が複数あった場合、どれを選ぶか決めなければならなかったことだ。そういうときには、先輩だったらどう判断するのかを考え、ひとつひとつ決断していった。自分の判断にいまひとつ自信が持てない場合は、その場で先輩隊員に電話してアドバイスをもらい、判断のあと押しをしてもらった。

たとえば重傷者を今日下ろすか下ろさないかという場面では、天候や装備、体力などを総合的に判断して、「今日はもう下ろせない」と決めたつもりだった。しかしその後、それがほんとうにベストの選択だったのかどうか心配になってきて、先輩に電話して「こういう判断をしたんですけど、間違いないですかね」と相談をした。

それまでの山岳遭難救助では、先輩のあとについていって、判断に従うだけだったのだが、現場で先頭に立たなければならない立場になったときに、「先輩はこういう気持ちでひとつひとつ判断を下していたんだな」というのが初めてわかった。

私にとっては、山岳警備隊員として経験を積んでいくうえで、御嶽山の現場で判断することの難しさと責任を考えさせられた事案であった。

第7章　後方支援

「北アルプスの守り」に徹する隊員たち

中畠美奈子──岐阜県北アルプス山岳遭難対策協議会事務局

私は、北アルプス岐阜県側の登山口「新穂高登山指導センター」に事務所を置き、山岳警備隊員をはじめとする山岳関係者とともに、遭難事故防止活動に携わる「岐阜県北アルプス山岳遭難対策協議会」の事務局で仕事をしています。以前は神岡交番に事務所を置いていましたが、二〇一四(平成二十六)年四月にセンターが完成したのを機に、そちらに事務所が移りました。

業務内容は、民間救助隊の事務関係のとりまとめ、登山届の受理・回収、起案文書の作成、訓練計画の立案などで、警察の警備隊と民間の救助隊の繋ぎ役も果たしています。

仕事をはじめた当初は、正直なところ「三年も勤まればいいかなあ」というのが本音でしたが、今となってはまわりの人が「いつまでいるんだろう」と逆に心配しています。いえ、別に嫌われているわけではありません。お陰さまで皆さまにはとても大事にしてもらっていると日々感じています。

私は地元・中尾の出身で、家はペンションを営んでいます。先祖は北アルプスでガイドを務め、父は民間の元救助隊員、兄は現役救助隊員という、絵に描いたような山とのつながりを持ち、そして十数年前に、縁あってこの仕事に就かせていただきました。ちなみに上高地・奥又白谷にある中畠新道は、私の先祖が拓いた道です。

小学生のころは、近所の家に遊びにいくと、そのおじさんが救助活動を終えて汗まみれで帰ってきたり、父が遭難現場での出来事を話したりしてくれました。四年生のときには「栃っ子山岳部」という、スポーツ少年団のようなものに入ったので、双六岳や笠ヶ岳、槍ヶ岳などを縦走したこともあります。

中学校では、二学期の始業式が山の上で行なわれていたため、三年間の間に双六岳、槍ヶ岳、奥穂高岳を登り、山の上で朝から校歌を歌って校長先生のありがたい話を聞いてました。

そんな環境で育ってきた私にとって、山は特別なものではなく、とても身近な存在でした。

ここでは、自分の記憶をたぐりながら、エピソードを交え、現在活動している隊員やOBたちの思い出を語りたいと思います。

森本靖宏さん

まだ救助用具もそろわない、ヘリコプターの機動力もない時代に、現在の警備隊を担ってきた凄い人です。どんな世界でも、最初の道を切り拓くのはそうとうの労苦を伴うことだと思います。この仕事に携わり、森本さんのつくった資料を目にすると、細かく丁寧で、その人柄や性格が偲ばれてきます。

私より、私の両親との付き合いが長いですが、親子二代で縁があったことは、ほんとうにありがたいことです。

これからもお元気で、警備隊・救助隊を支えて下さい。

今井主憲さん

警備隊員では珍しく、出世するたびに神岡警察署に舞いもどり、山に携わってこられました。最後は神岡警察署長で来てくれるとみんな待ち望んでいましたが、平成の大合併による警察署再編整備で「山岳の神岡警察署」が統廃合されたため、夢は叶いませんでした。しかし退職前には、合併後に北アルプスを管轄することとなった高山警察署に、交通地域官および岐阜県警察山岳警備隊長として着任されました。

今井さんは文章を書かせたら天下一で、これまでに書かれた数多くの手記には、今でも涙することがあります。

遭対協の職員を雇う話になった当時、今井さんは神岡警察署の交通課長でした。ほんとうのところ、私はこの話を断わるつもりだったのですが、まわりの喜びように言い出せず、口をついて出た言葉が「やります」のひとことでした。

体育の先生を目指していたのに、自分でもビックリです。

私が事務局で働くことを、今井さんが誰よりも喜んで下さったのを懐かしく思い出します。

谷口光洋隊員

全国で三人しかいない「警察庁指定広域技能指導官」という肩書きを持ち、「警察人生の大半は異動なし」というミラクルをやってのけています。

私にとって谷口夫婦は親に近い存在で、むしろ親よりも親らしいときがあります。私が階段を踏み外して足首を骨折し、手術をしたときも、手術室から出てきて最初に見た顔が谷口夫婦でした。その後も毎日のように病院へ顔を出してくれました。父ちなみに、家の仕事が忙しかったため、母は夜になってやっと病院に来ました。父に至っては、たしか一度も来ていません。その母も、ひょんなことで骨折して救急車で運ばれたとき、すぐに車で病院へ走った私よりも先に病院に着いていたのが、奥さんの洋子ちゃんで、母がレントゲン室から出てくるのを待っていてくれました。

厳しい現場や万事休すのような状態のときでも、谷口さんは冷静かつ穏やかに遭難者の救助活動を遂行しています。強さと優しさは表裏一体だと、よく考えさせられました。

この数十年、娘のように可愛がってくれ、家族ともどもいつもたくさん助けてもらって、ほんとうに感謝しています。

川端佐千夫隊員

川端さんの実家は、私の父親と同郷で生粋の飛驒人です。

私が川端さんと知り合う前、私が小学生のころには、妹さん（アルペンスキーで国体優勝しています）に、スキーのコーチとして合宿や大会などでよく面倒を見てもらっていました。

この仕事をすることになり、兄妹ともに深いご縁ができたことに、不思議なものを感じています。飛騨弁丸出しで、遭難者や遭難関係者に諭すように話しかける姿を見ていると、その優しさがよく伝わってきます。私も人から頼りにされる、気持ちの温かい人になりたいとよく思うのです。

松浦和博隊員

松浦さんとは、なんだかんだと長いお付き合いになりました。神岡に赴任してきて山岳警備隊に入隊し、実家から遠く離れた飛騨の地に家を建て、山に携わりながら現在に至っています。若い隊員の面倒見もよく、プライベートで同僚を連れて山に登ったり、ほんとうに丁寧でこまめな人です。

川端さんと同様、仕事でも山岳警備隊でもいないと困る、「燻《いぶ》し銀《ぎん》の中年ライン」だと思っています（笑）。

逢坂宏裕樹隊員

逢坂さんからは遭対協の事務仕事を引き継ぎました。当時は今の約半分の年齢で、右も左もわからなかった私を、根気よく教えてくれました。若さゆえの失敗も多々あり、ずいぶん助けてもらったので、今でも頭が上がりません。

私と逢坂さんの娘二人と並んでアイスクリームを食べていたら、本当に三姉妹みたいに見えましたね。

そんな娘ももう大学生！　姉妹の話を聞く私は、すっかり親戚のおばさん気分です。

清水岳彦元隊員

途中から山とは離れてしまったけど、山岳警備隊に清水あり、でした。「ヘリコプターで穂高へ上がると頭痛が取れない」と言っていたのをよく覚えてます。駅伝があったころは、必ず選手に選ばれてましたね。

ほかの隊員が現場へ行っているときは、無事に帰ってくるまでずっと心配していましたね。いつも穏やかで、とても優しい隊員でした。

川原博司元隊員

今は違う仕事に就いていますが、私の無茶ぶりに、なんだかんだとよく応えてくれました。山岳白書の校正の締め切りが迫り、切羽詰まった私が「活動手記を二日で書いてくれ」と頼んだら、文句言いつつもすぐに原稿を持ってきてくれました。のちに「酒飲みのイジメっ子」と言われましたけど。

「山男=川原」というイメージができるぐらい活動の中心を担っていて、多くの人を救助してきましたね。川原君が出動した救助は、ヘビーな現場や活動が多かった気がします。

山小屋で尿管結石になったときは、「遭難者の気持ちがよくわかった」と言っていましたね。ヘリで救助された川原君を見て、笑ってしまってごめんなさい。

奥谷治朗隊員

私が就職する前、教育実習で実家に帰省していたとき、偶然遊びにきていて、家に入ってきた私を見るなり「お客さんきたよー」と兄を呼びに行きました。

「あ、私この家の者です。あれの妹です」

「あ、なに？　妹おったんや？　似てないな。ごめん、存在知らなんだ」

それが最初の会話でした。

奥谷さんの落ち着きぶりが半端なかったので、兄と同級生と聞いて驚き、奥谷さんも兄が一人っ子と思っていたら妹が出現し、しかも似てなくて驚くという展開でした。

当時も神岡署で山岳警備隊員をやっていたのですが、まさかその翌年からいっしょに働くことになるとは夢にも思いませんでした。

奥谷さんの酒の失敗談は多々ありますが、若気の至りということで伏せておくことにします。

川地昌秀隊員

最初に神岡警察署で引き継ぎをしたとき、たしか自転車でやってきたことを覚えています。「ムダに元気な人」という印象でしたが、ふだんの仕事の様子や山への取り組み方を見ていて、基本は真面目な人なんだなあと思いました。

だからこそ、酒の失敗（またしても酒）は、見ても聞いても微笑ましいものでした。湯の張ってない浴槽のなかで酔っ払って寝ているのを、奥さんに発見されたこともありましたね。

警備隊員三人といっしょに北海道へ親睦旅行に行ったとき、千歳空港から層雲峡までのレンタカーの運転手をジャンケンで決めることになり、あろうことか私はジャンケンに負け続けました。その都度、「勝負の世界や」とバッサリ切られ、結局、一度も交代することなく層雲峡までの四〇〇キロをひとりで運転しました。途中「運転代わるよ」という言葉を待っていましたが、バックミラーを見ればうしろの二人は口を開けて爆睡……。女だからと甘えた私が悪いのですが。

その日は部屋がひとつしか取れなかったので、ベッドが二つ、布団が二つの部屋でした。女性の私は当然ベッドだろうと思っていたら、それもジャンケン。「うそー、私、女やで。せめてベッドにしてよ」と言ったら、「あまい」と却下され、結局ジャンケンで負けて布団になりました。翌日もジャンケンに負け続け、富良野までひとりで運転しましたっけ。この冷酷非道な親睦旅行は、ほかにも非道ぶり満載のエピソードがたくさんありますが、長くなるので止めておきます。

その後、警備隊で経験も技術もたくさん積んで、「川地君がいれば安心」とまで言われるようになっています。これからは、どんどん偉くなって、いずれは高山警察署長としてもどってきて下さい。

陶山慎二朗隊員

陶山君には、私の酒の失敗（また酒か！）をはじめなにからなにまで、谷口さんのフォローできないところをいちばん助けてくれました。紙面には書けないあれやこれ、ほんとうに迷惑をかけました。いや、現在もかけています。

私が仕事で使う車を洗ったり掃除してくれたりすることなど、なかなかできることではありません。いつも車がきれいなことにずいぶん経ってから気がつき、陶山君が休みに出てきて洗っていてくれていたことを知り、ますます頭が上がらなくなりました。

警備隊では人一倍いろいろなことを考えて行動し、川地君と同様、経験や技術の面でも、もはやなくてはならない存在となっています。

お酒が入るととくに大阪人気質が発揮されますが、毒舌も優しさと思い、耐えています。これからも私のフォローをよろしくお願いします。

そうそう、偶然にも奥さんと私は名前が同じですが、結婚前に谷口さんが「名前に罪はないでな」と言っていたそうです。いかにも私が悪い人みたいですが、奥様はものすごくよくできた方です。念のため。

佐々木拓磨隊員

生命力の塊のような隊員です。

年末に発生した雪崩による遭難事故のとき、救助に出動して到着した避難小屋のなかで、ひとりだけ「暑い」と言って半袖になっていたそうです。

真冬の神岡は底冷えしてとても寒いのに、仕事場となっていた広い行政室にはストーブ二台だけでした。私ともうひとりの女性は、あまりの寒さに膝掛け、ホッカイロ、上下ヒートテック、レッグウォーマー、湯たんぽまで装備して仕事をしているのに、警らからもどってきた佐々木君が「暑い、暑い」と言いながらおもむろに窓を開けはじめたことは、一回二回ではありません。外が晴れているならともかく

（それでも寒いけど）、雪降ってますから。さすがにほかの人から「寒いから閉めろ」と怒られていましたが。

でも、そんな姿を見て、極寒の北アルプスで救助活動ができる丈夫な体を持っているんだなあと感心したものです。

新婚旅行の行き先がキリマンジャロだったのには驚きましたが、高山病にかかりつつも無事登頂できたそうで、それもとても佐々木君らしいと思いました。

廣田将海隊員

いちばん書くのに難儀しました。理由は本人がよくわかっていると思いますが（笑）。

廣田君は、常駐やパトロールで山小屋に泊まると、頼んでもいないのに、決まって「私がいかにいい人か」という話をするそうです。しかし、あまりにもその話が続くので、むしろ逆効果のような気がしています。某山小屋のオーナーも「聞き飽きた」と言われていましたし。

廣田君も大阪出身で、私とはまったく縁がないハズでしたが、廣田君の大学時代の仲のいい先輩が、昔からうちに泊まりにきてくれる大事なお客さん一家だったんですね。なんの因果か、ほんとうに驚きました。世間は狭いものだと思います。

志村哲隊員

新任で着任したとき、車のナンバーがいかにも警察官らしかったのを覚えています。博学でいろんなマメ知識を知っていて、口もうまいし釣りもうまい（笑）。おまけにきれい好きで、庁舎内のいろいろなところの片づけや掃除をしてくれていました。

警察官の弁論大会では、とある遭難事故を題材にして岐阜県代表となったことを覚えていますが、それには裏話がありますので、本人に聞いてやって下さい。

大森亘隊員

大森君は一見すると警察官にも山男にも見えません。

私が極秘入手した、大森君が大学生時代に行ったカラコルム遠征の報告書には、若かりしころの可愛い顔写真とともに「色白、美形の山男。見かけはやさしいが山のがんばりは人後に落ちない」と紹介されています。

「あれ？　Sの気があるとは書いてないな」と思ったけど、写真はあとあと使えると思ったので、画像をしっかりと携帯に収めさせてもらっています。

大森君が結婚するとき、私に「嫁さんになる人は、美奈子さんと同じタイプの人間です」と言いました。よく話を聞いてみると、奥さんは大学時代の部活で山に登ったとき、かなり飲んで酔っぱらった状態で下山し、下山後に足が痛いので医者へ行ったら、靱帯が伸びていたとのこと。私の場合は、飲み過ぎて階段を踏み外し足首を骨折したので、やってることが同じと思ったようです。たしかに。

赤堀匠隊員

十八歳で警備隊に来たころを思えば、今はほんとうに逞しくなりました

正月に発生した西穂高岳のレスキューのとき、風速は常に二〇メートルぐらいある暴風雪のなか、何度も何度もトライして、ひとりでしたがなんとか救助してきました。現場に行っていた隊員全員が、顔に凍傷を負い、目のまわりも腫れてボクシングの打ち合い後みたいな状態になっていたのに、「いやぁ、やっぱり「し〇むら」

のインナーでは寒いですね」と、ニコニコしながら話していました。

え？　あの厳しい気象条件のレスキューに「し○むら」のインナー？　私は言いました。

「標高三〇〇〇メートルでのレスキューに使うことは想定してないんやで、当たり前やろ」

「やっぱりそうですよね。あるもの掴んで着たら、それだったもんで」

マジですか？　その前に、ふつう気がつかん？

またあるときは、都会から赴任してきた警察官が「赤堀さん、こんなクソ寒いのに、官舎の窓開けたまま寝ています。信じられません」と言っていました。季節は厳冬期です。

しかし、そういう赤堀エピソードに慣れていた私はあまり驚きませんでした。

赤堀君は、どれだけ重たい荷物を持たせても、ニコニコしながら登っていきます。むしろ、重たい荷物ほど嬉しそうにしています。これからもそのままの赤堀君でいて下さい。

丸亀淳吾隊員

今の警備隊員のなかには、大阪、神奈川、静岡など、他県から山岳警備隊を志して岐阜県警察を拝命した人が多くいますが、丸亀君は地元出身の期待の隊員です。背も大きいし、なんでもそつなくこなします。山で生まれ育ったのだから、生え抜きの隊員になってほしいなあと密かに思っているので、これからも応援しますよ。意外にも子ども好きで、神岡で家族同伴の飲み会があったとき、よその子をずっと抱っこしていたり、同僚の子どもの写真を見ては「あー、可愛い」と、細い目がなくなるくらいニコニコしていたりします。

そんな丸亀君も、一児のパパになりました。そっくりの娘ちゃん、暖かくなったら遊びに連れてきてね。

坪内琢朗隊員

久々の大型新人（身長は一八五センチあります）です。

山岳警備隊員を希望して高山警察署に配属となったわけではないそうですが、そのときの上司のひとことで隊員になってしまいました。

私が初めて会ったのは、冬山警備の最終日だったと思います。

「山岳警備隊をやりたいという強い気持ちがないなら、早めに辞めたほうがいいよ。嫌々やっとるとケガするで」

なんてお姉さんぶって（ひと回り以上違う……）偉そうに言いましたが、大きいのに気働きはできるし、動けるし、体力もあります。「棚からぼた餅」「ヒョウタンから駒」っていうのは、まさに坪内君のことです。

今は、山でがんばりたいという気持ちが、ほんとうによく伝わってきます。

私と坪内君は、携帯の機種が同じなので、私の携帯の設定とかさせられて気の毒ですが、いつも嫌な顔せずいろいろやってくれてありがとう。また、私が失敗するとフォローのつもりで「リスペクト（尊敬）しています」と言ってくれるけど、なにか違った意味に聞こえるのは気のせいではないはず。

ちょいちょい毒があるし、なにせ体が大きいので可愛い新人ではないけど、一生懸命さは自分自身を裏切らないと思うから、今後もケガをしないようにがんばりましょう。

佐古裕亮隊員

高山市出身で、元保育士から警察官を拝命しました。私は神岡での二年間、お世話になりました。保育士出身のためか、どんな人にもニコニコと丁寧に対応して、優しさがにじみ出ていました。また、その性格と可愛らしさから、ご婦人方にモテます。

夏山警備で、指導センターの勤務交代をした直後に救助要請が入り、ものすごい豪雨のなか、救助隊員と二人で現場へ行ってもらいましたが、車を降りて歩いて現場に向かおうとしたときに、すぐ近くに落雷があったそうです。救助からもどってきた佐古君は、「めちゃくちゃ怖かったけど、いい勉強になりました」と言っていました。

まだ、現場経験は少ないですが、いろんなことを吸収して地元産の警備隊員としてがんばって下さい。

この数十年の間に、歳上ばかりだった警備隊員が、今では半数が歳下となりました。岐阜県警察山岳警備隊発足五十周年の際には、こんな私が岐阜県警察本部長から感謝状をいただくことができました。

昔のように甘えていればなんとかなっていたときと違い、少し長生きしている分、ときには人生の先輩として感謝状に恥じぬよう、若い隊員にも気を配っていかなければと思っています。

山岳警備隊に憧れ、夢と希望を持って、多くの若者達が全国各地から岐阜県警察官を志願してきます。警察官には、「国民の生命と財産を守る」という崇高な任務があります。そのなかで山岳警備隊員は、同じ警察官のなかでも一部の人間しか行なうことのできない任務に就いています。

山頂を踏まず、同じ登山道を何度も何度も登り返し、景色を見ることなく現場へ走る。そういった活動は、「山が好き」というだけではできることではありません。

そんなみんなを陰ながら支えられるように、そしてこれからも安全で迅速な救助活動が行なえるように、「北アルプスの守り」として、この岳とともに今後も精一杯やっていけたらと思います。

任務を全うして、ひとりでも多くの遭難者救助を

陶山美奈子――高山警察署上宝駐在所、陶山隊員の妻

主人は、大学のときに所属していたアウトドアスポーツクラブの三歳上の先輩です。付き合いはそのころからはじまっていましたが、大学卒業後、彼は岐阜でお巡りさんになり、私は地元大阪の一般企業に就職したので、しばらくは遠距離恋愛でした。お互いに仕事が忙しくて、年に数回しか会えないような状態が五、六年続きました。

結婚したのが二〇〇六（平成十八）年の十一月。プロポーズの言葉はとくになくて、当時、勤務していた神岡交番の世帯用官舎が空いたときに「今だったら入れるぞ。どうするんや」と言われ、そのままなし崩し的に結婚することになりました。

私が仕事を辞めて岐阜に行くことになるのは、仕方がないと思っていました。ただ、岐阜に来て大阪の友達と会えなくなったのは寂しかったです。友達同士が会ってランチをしたりしている話を聞いたりすると、羨ましく思ったり。実家に帰るに

しても、車で五時間かかるので、そう簡単には帰ることができません。親も歳なので、なにかあったときにすぐに帰ってあげられないのがちょっと心配です。

遠距離恋愛で大阪にいたときは、全国ネットのニュースしか目にしなかったので、山岳警備隊員としてどういう仕事をしているのか、いつ遭難救助に行っているのか、ほとんど知りませんでした。だから逆に不安はなかったです。まわりから「テレビに映っていたよ」と言われて、「へえー、そうなんだ」という感じでした。

警備隊の仕事のことがだんだんわかってきたのは、岐阜で生活するようになってからです。ローカルのニュース番組に映っているのを見て、「あ、こういうことをしているんだ」「こういう現場に行っているんだ」ということを知りました。

でも、自分から仕事の話はほとんどしません。神岡交番に勤務していたときは、隣が官舎だったので、事故が起きると階段を走って家に帰ってきて、ばたばたとザックに荷物を詰め込んで、「遭難があったから行ってくる」と言って、数分で飛び出していってしまいました。どういうことが起きているのか、どこに行くのか、いつ帰ってくるのか、こっちはなにもわからない状態です。たいていは夕方に帰ってくるのですが、泊まりがけになるときは「どうしているんだろう」と不安になって、テレビのニュースをチェックしてみることもありました。

神岡交番にはヘリポートもあったので、遭難者がヘリコプターで搬送されてきて救急車で運ばれていくこともたまにありました。そういう光景をベランダ越しに見ていたりしましたが、やはり心穏やかではいられません。

最初のころは「もうちょっと仕事の話をしてほしい」と思いました。まだ子どももいませんでしたから。でも、遭難者が亡くなるケースも多いので、こっちから「どうだった？」とも聞けません。主人の母とも、「このあいだ遭難があったよね。でも本人には聞かんでおこうな」というような話をしています。

テレビで遭難のニュースが流れたりすると、たまにぽろっと救助の話をすることもありました。それがかなり壮絶な話だったりするし、テレビの特番などで遭難救助が取り上げられるのを見ると、過酷な仕事だということはよくわかるので、今はもう「話してくれなくてもいいかな」と思うようになりました。

仕事柄、仕方がないのですが、ゴールデンウィークや秋の連休など、人が休んでいるときはまず家にいません。子どもの運動会などにも、ほとんど来られません。なにかあったときにはすぐ駆けつけなければならないので、休みの日でも岐阜県外には出られないのです。夏の穂高常駐のときだって、上に登ったまま一週間帰ってきませんでした。

だから前もって旅行の予定を立てることもありません。立てても二転三転しますから。ある日突然、「行くぞ」みたいな感じです。実家に帰るときも、「今から帰るぞ」と。こっちも予定があるのに、そんなのは無視です。突然がほんとうに多くて、行けるときに行く。そうしないと行けませんから。それはもう割り切って「そういうものだ」と思っていますから、腹が立つこともありません。

正月も、いっしょに過ごせたのは二回ぐらいでしょうか。新婚当初のころ、大晦日の夜から起きていて年明けを迎え、「おめでとう」と言って夜中の一時ごろ寝たら、間もなくして呼び出しがあって三時に出動していったこともありました。今はもう、正月はいないものだと思っています。

現在、私たちには子どもが二人います。主人は、仕事から夜遅く帰ってくると、まず子どもの寝顔を見ています。それでほっとするんでしょうか。子どもができて、親としての責任が出てきたように感じます。

上の子どもがまだ赤ん坊だったとき、ふと「これで主人がいなくなったらどうしよう。ひとりで育てていけるのだろうか」と思ったことがあります。何年か前に岐阜の防災ヘリが落ちたときに、同じ官舎に住んでいた警備隊員のご主人が現場に出動していました。夕方になってようやく無事が確認されたのですが、その間、奥さんは必死になって情報を収集しようとしていました。そのときの彼女の心境は、とても他人事とは思えません。

危険な仕事をしているとはいえ、主人は慎重な性格なので、大丈夫だろうと思っていました。しかし、ヘリが落ちることもあれば、突如として雪崩が発生することもあります。そういうことを思うと、自分がしっかりしていれば大丈夫だというわけではありません。救助の現場を知れば知るほど怖くなってきます。

いつだったか、大雪が降ったときに遭難事故があり、朝五時ぐらいに家を出ていこうとしたら、車が雪に埋もれていて、掘り出すのに三十分ほどかかったことがありました。山麓でさえこれほどの積雪なのに、山の上はどんなにすごいことになっているのだろうと、このときはさすがに心配になったものです。

また、夜の七時前ごろ、晩ご飯を食べようとしたときに救助要請が入ってきて、「こんな時間から山に行くなんて」と思ったのは、二年ほど前のことです。なにかちょっと嫌な予感がしたのですが、案の定、夜中に帰ってきた主人は足を引きずっていました。どんな状況でケガをしたのかは聞いていません。一カ月ほどは杖を突いて生活していました。

それまでは、顔や手足に凍傷を負うことはあっても、ケガをすることはなかったので、あまり心配はしていませんでしたが、ケガをし出すとやはり心配になってきます。正直、いつまで体がもつのかなというのは、結婚当初から思っていることです。

ただ、この仕事は誰にでもできるというものではありません。まして自分から希望してこの職に就いたわけです。主人がこの仕事を長く続ければ、それだけ多くの人を助けられることになると思うので、体に気をつけて、できるかぎりがんばって任務を全うしてほしいと思っています。

使命感をもって警備隊の任務を

佐々木知子――高山警察署丹生川駐在所、佐々木隊員の妻

主人とは山で知り合いました。もともとは福祉関係の仕事をしていたのですが、そこを辞めて、四カ月間、笠ヶ岳山荘でアルバイトをしました。そのころは登山をはじめて三年ぐらい経っていたときで、年齢的に山で働ける最後のチャンスかなと思って決断しました。

そのアルバイト期間中に山岳警備隊が訓練で山小屋にやってきて、そのなかに今の主人がいたというわけです。小屋の仕事が休みのときに、周辺の山を歩きたいなあと思って、いっしょについてきてもらったのがきっかけでした。

アルバイトが終わったら、故郷の広島に帰って、やりたかった障害者関係の仕事をやろうと思っていました。そのための資格も取っていたのですが、縁があって岐阜に永住することになってしまいました。

結婚したのは二〇〇九（平成二十一）年です。ところが結婚してすぐ、主人がア

キレス腱を切ってしまって、新婚生活がいきなり介護生活になりました。それまでは時間があるとトレーニングばかりやっていたので、本人にとってはもどかしかったと思います。

おかげさまでケガは完治しましたが、ケガをしたほうの足はまだ筋肉が元にもどっていないようです。ケガをする前は、本人がそれなりに危機管理をしていると思っていましたから、危険な仕事に対する不安はあまりありませんでした。私も山が好きでしたから「がんばってほしいな」ぐらいの気持ちでした。

ケガをしたあとは、救助で出て行くときはやはり「大丈夫かなあ」と心配になります。帰ってくると、つい「どうだった?」とあれこれ聞いてしまいます。答えられる範囲で答えてくれますが、詳しい話はまずしません。そもそも「行ってくる」と「ただいま」くらいしか言わない人ですから。

とくに不安になるのは、ヘリに搭乗するときや厳冬期に出動していくときです。もちろん主人のこともそうですが、救助された人がどうなったのかも気になります。でも、救助活動よりも、プライベートで山スキーに行くときのほうがもっと心配だったりします。冬山は怖いし、最近は山スキーの事故も増えているようなので、いつも「下りてきたらメールしてよ」と言っているのですが……。

子どもは長女と長男の二人です。子どもができるまでは、たまにいっしょに山に行ったりもしていました。ちなみに新婚旅行はキリマンジャロ登山でした。結婚したら、私が登れそうな山にいろいろ連れていってもらおうと思っていたのですが、わりとすぐに子どもができて、山どころではなくなってしまいました。

私の両親も主人の両親も遠くにいるので、子どもの面倒は見てもらえません。ふだんは私ひとりで家事も子守も抱え込んでしまっているから、「休みのときぐらい家にいて、子どもの面倒を見てよ」と言ってしまいます。

子どもができるまでは、ほんとうに山ばっかり行っていました。休日は当然として、仕事が終わったあとでも毎日のように低い山に登っていました。本人は「トレーニングだ」と言いますが、主人にとっては体を酷使するのが趣味なんだと思います。

トレーニングに割いていた時間が、今は子守の時間になっています。なるべくなら行かせてあげたいと思いながら、手伝ってくれるのをあてにしています。でも、いっぱい面倒を見てくれたときは、かわいそうなので次の休みのときに「どこか行ってきていいよ」と言ってあげています。とくに冬はスキーに行きたそうにしているので。

ただ、運動量が落ちたせいで、最近は太りやすくなりました。独身のころと比べるとだいぶ食生活も変わりましたが、あんまり痩せません（笑）。以前、健康診断の結果を見せてもらったら、なんだかちょっと怪しい数字もありました。だから、このごろまた太ってきたなと思ったら、「ちょっと運動しておいで」と言ったりもします。

今、主人は高山市の丹生川駐在所で交番勤務をしており、警備隊以外のお巡りさんとしての仕事にも熱が入っているようです。はたから見ていても、「がんばっているなあ」と思います。また、こちらは地域の人との付き合いも濃密です。交番のお巡りさんの家族である私が、子どもを連れて銀行に行ったときには、地元の方に「お父さんにそっくりね」と声をかけられたこともありました。

そんな地域に、主人も愛着が湧いているのでしょう。二人で相談して、ここに永住するつもりで飛騨古川に家を買いました。決断するなら早いほうがいいなあと思い、子どもが小学校に入る前に決めました。仕事柄、次はどこか違う場所に異動になるかもしれませんが、山岳の仕事を希望し続けるかぎり、そう遠くへは行かないだろうと、勝手に思っています。万一、遠くのほうに異動になったら、そのときは単身赴任してもらいます。

主人は、使命感を持って警備隊の仕事を全うしたいと思っています。それが私にも伝わってくるので、現役でいられるかぎり、なるべく続けてもらいたいというのが本音です。現役を引退したらしたで、こっちには山がたくさんありますから、プライベートであちこち登り続けるのではないでしょうか。

できれば子どもたちにも山を好きになってほしいと思います。「西穂ぐらいなら行けるみたいよ。いつ行こうか」という話もするのですが、主人は「無理して連れていかなくても」と言っています。率先して山に連れ出すのかなあと思ったら、自主性に任せて見守るタイプだったようです。

そう遠くない将来に、親子で山に行ける日が来ることを、今から楽しみにしています。

第8章　北飛山岳救助隊と山小屋

警備隊とのスムーズな連携

袖垣吉治——北飛山岳救助隊七代目隊長

警備隊を支える民間救助隊

昭和三十二年くらいかね、北アルプスで山岳遭難が多発していたころ、救助に出ていくのは消防団と警察官やったやね。で、消防団ていうのは、地元のわれわれだったんですよ。だけどそのうちに、「そんな危険なところに行くのなら、しっかりした組織にして、装備もちゃんとそろえにゃいかん」という話になってきて、地元の人たちが「北飛山岳救助隊」という民間救助隊を結成したんです。

その救助隊に「追いつこう、追いつこう」として活動してきたのが、警察で組織した警備隊です。それが徐々に追いついてきて、今は警備隊のほうがメインで救助をやるようになっています。

たとえば遭難事故が起きたとすると、警察の地域課長なり飛騨方面隊長なりから

「こういう方法で救助したいんだけど、救助隊の隊員を三人出してもらえないか」というような依頼がくるわけです。それで飛騨方面隊長と私を含めた数人で協議して、どうやって救助するのがいちばんいいのか、戦略を考える。「間もなく日が暮れちゃうんだけど、なんとか今日のうちに救助したい。そうでないと、明日は天候がヤバイのよ。頼む」と言われれば、とにかく出られる人に出てもらって、人海戦術でなんとか救助に出ます。

今、隊員は三十六人います。この一、二年で四人くらい増やしました。それでちょっと若くなりましたので、平均年齢はだいたい四十一、二歳くらいですかね。でも、さらにもっと若くしていかなきゃと思います。いちばん若い隊員は二十一、二歳。今、奥飛騨交番の警備隊員も若い人が多いもんですから、いっしょになって競争しながらやってます。勉強する隊員は勉強しますんで、そのへんは非常にありがたいですね。

最高齢は私で、今年六十六歳になります。もう三十五年くらいやってますかね。山が好きで学生のときに山岳部に入っていて、たまたま就職したのが新穂高ロープウェーだったんです。遭難事故が起きたときに、すぐそばにいるもんだから、「行ってくれよ」と言われて、「わかりました」とやっているうちに、ずるずると長くなってしまいました。

救助隊員になるのは、親や兄弟がやっとったからというのが多いですかね。あとは、山が好きな連中で、昔からここに住んでいるからとか、若いときは他所《よそ》に出ていたけど旅館を継ぐために帰ってきたからとか。逆に、仕事の関係でまったく出られなくなったとか、転勤になったとか、いろいろありますもんで、固定的な人間だけでずっとやっているわけではありません。

私はもう定年退職になったんでフリーですけど、今の隊員は全員、本業の仕事を持っています。公務員もいれば、サラリーマンもいるし、旅館のオヤジもいます。消防隊員もおりますし、もうありとあらゆる職種の人がいますね。職種が多様化していることで、平日は自営業の人たちに出てもらって、土日はサラリーマンや公務員に対応してもらうというように、曜日によるムラをなくせるというわけです。

救助隊は、遭難救助のときだけでなく、一年を通じて活動しています。活動の拠点となるのが新穂高にある登山指導センターというところで、登山者が多い時期にここに隊員を配置して（救助隊員ひとり、警備隊員ひとりの計二人）、登山者への指導などを行なっています。冬は例年だいたい十二月二十七、八日から年明け四日ぐらいまで、春はゴールデンウィーク期間中、夏山シーズンは海の日の連休のころから八月二十日ごろまでの約一カ月間、秋はシルバーウィークと十月十日前後です。

夏山に関しては、一カ月の期間中、山岳パトロールというのを入れてます。西穂高岳から奥穂高岳、槍ヶ岳、双六岳、笠ヶ岳、錫杖岳までの区間をいくつかに分けて、救助隊員ひとり、警備隊員ひとりの最低二人一組が二泊三日で登山道を歩きながらパトロールを行なうというものです。コースは槍ヶ岳〜双六岳、双六岳〜笠ヶ岳、奥穂高岳〜西穂高岳などいろいろで、人数も三人、四人のこともあります。隊員には、一カ月の間に最低一回、できれば二回出てほしいと言っているんですけどね。穂高岳山荘での夏山常駐は、以前は私ども救助隊員も常駐していたんですけど、今は警備隊員だけでやってます。

そのほか、年間を通じて、西穂山荘までの日帰りパトロールをやっています。これは「ひとりでもいいから」ということで、自分の都合をやり繰りして交代で行ってもらっているんですけどね。

いちばん困るのは正月なんですよ。正月はやはりみんな、なかなか出たがらない。

んです。

だけど正月は事故も多いもんですから、ローテーションを組むのがいちばん大変なんです。

隊員が三十六人いれば、このスケジュールで回すのは簡単なように思われるかもしれませんが、夏山訓練や冬山訓練もありますしね。それに昔のように救助隊だけで行なうのではなく、警備隊と航空隊の三つの組織が連携するもんで、いろいろ考えながら組んでいかないと、なかなかうまくいかない部分もあります。

今はヘリコプターでの救助が当たり前になっていますが、裏方はけっこう大変なんです。基地となっている鍋平のヘリポートにヘリが来るとなると、まずその受け入れ準備をしなければなりません。ヘリがゴミを巻き上げてローターなどに当たったりしたら危険なので、落ちているゴミをきれいに片づけて、周囲にいる観光客を「申し訳ありません。いまヘリが緊急で来ますので」と近づかないようにしてもらって。来れば来たで誘導員も要る。燃料もすぐに補給できるようにして、病院の手配もしなければならないし、たったひとりの遭難者を救助するのにも、なんだかんだで大勢の人間が関わっているわけです。

また、ヘリポートまでヘリが来ても、救助できるかどうかは、パイロットじゃないとわかりませんよね。気流とか風とか、いろんな条件が重なりますんで。そうした場合、万が一ヘリでできなかったことを想定して、救助隊は救助隊で下から歩いて現場に向かいます。結局、最後にはヘリがピックアップしていって、「今までの苦労はなんやったんや」っていう話もありますけど、それはそれでいいんです。遭難者が助かればね。

でも、昔はヘリがなかったから、救助の方法も今とは全然違いました。なにしろウインチとワイヤーを背負っていっていたんですから。そんなものを担ぎ上げるなんて、とんでもない話ですよ。入隊したばかりのころ、「おまえ新兵やろ」と言われて、「はい、そうです」と答えると、「これ担いでいけ」と。ウインチ、重たいんです。よくそれを背負わされたものです。

昔はね、遭難者の遺体を現場で荼毘《だび》に付しました。私が入隊したばかりのころ、一度だけその記憶があるんです。穴毛谷で雪崩が起きて、流されて亡くなった人を荼毘に付したんですね。雪を掘り起こして流木を拾ってきて、井の字型に積んで火を点けて。遺体を燃やしている間、まわりでみんなは酒飲んで。

その後はいっさい行なわれなくなりました。今は、どんな場合であろうと、とにかく梱包して本署まで搬送してくるのが原則です。

ちょうど入隊したてのころ、長野県はめちゃくちゃ遭難が多かったものですから、遭難者を搬送するのにいち早くスノーボートを買ったんですよね。それで「長野はすごいな」という話になって。岐阜県はまだ芝橇《しばぞり》です。伐った木を組んで橇をつくり、南京袋に押し込んだ遺体をその上に載せて、ザイルで縛って下ろしてきました。

あと三、四〇〇メートルで新穂高に着くというところで、ピーって笛が鳴って「みんな止まれ!」と言われて。なにをするのかと思ったら、遺体の形を整えるわけです。南京袋に入れるときに折りたたんでいるから、それを伸ばさなきゃならない。伸ばして形を整えた遺体を、木を伐ってきてつくった担架に載せて、われわれに担がせたんです。われわれも、ずっとそうやって担いできたような、さも大変そうな表情をしながら、新穂高まで運んでいって。すぐそこまでは橇に載せてきたとは言えへんもんね。そういう時代があったですよ。

指導センターまで運んできたら、電話で医者を呼んで死亡診断書を取り、それから家族に連絡を取るんです。だから、一日二日はセンターの安置所に遺体が置かれてました。

今はお陰でですね、ヘリでいち早くピックアップして搬送していきますから、遭難事故はかなり多いけど、やっぱり助かる確率は高いんですね。時代は変わりました。非常にありがたいですね。

事故多発地帯

これまでに何件も起きているのが、西穂山荘まで下ってきたけれども、ロープウエー駅に下りていく途中で谷に入り込んでしまうという遭難事故です。ロープウェー駅から登ってくるときは、西穂山荘までの最後の登りがけっこうキツいんで、「やれやれ、登りがキツかったな」というイメージが強く残るんですかね。で、独標か西穂高岳の山頂まで行って下っていくときには、「あとはもう下るだけだ」と思い込んじゃう。でも、実際は登り返すところもちょっとあるんです。だからそこに差し掛かると「あれ、おかしいな。登るところなんてないはずなのに」と思って、谷のほうへ下っていっちゃうんです。下っていくうちに、もうもどれなくなって救助を要請してくる。助かった人に事情聴取をすると、みんなそう。「ロープウェー駅に行くには、どんどん下っていくだけだと思った」と。とくにゴールデンウィーク後ぐらいの、雪がところどころに残っている時期に多いですね。

昭和四十三年ですかね、この近辺でチョコレート事件と呼ばれた遭難事故がありました。若い女性二人が西穂山荘周辺で行方不明になって、捜索隊があたりを捜したんだけど見つからなくて、いったんは「これはしゃーない。解散だ」となったんです。ところがひとりが十日目にふらふらと自力で下山してきて、「これはえらいこっちゃ。もうひとりもまだ生きているらしい」ということで捜索隊が再編成されて捜しはじめたら、十一日目に発見されました。その彼女は、わずかなチョコレートを少しずつ食べて生還できたことから、チョコレート事件と名づけられたんですね。

ちなみに、男であのあたりに入り込んで行方不明になった人は、ひとりも助かっていません。ある人は、「この滝の音、孤独さ、もう耐えられません」というメモを残して、リュックの傍らで亡くなっていました。「一か八か行動に出ます。もちろん生きて帰るつもりです」ってメモに書いて、その下の滝壺で遺体で発見された人もいましたね。

男は動いちゃう。女の人は動かないから持ちこたえられるんですね。あのあたりの沢はもう滝の連続ですから、無理なんです。上に登り返して回り込んで下りなきゃ、どうしようもないんです。

最近は西穂高岳から奥穂高岳の間での事故も多いですね。同じ場所での転落事故が一年に三、四件も続いたこともありました。「それは絶対あかん。クサリを張らないとダメだぞ」ということで、クサリを張ったら、その箇所での転落事故はピタッとおさまりました。ほかの場所でも同じですけど、クサリを張ることによって落ちなくなります。よくしたもんです。落ちるとこは同じなんですね。

今は、昔だったら上級者しか行かないようなコースに、初心者がどんどん入り込んでいて、もうひどい状況です。初心者かどうかは見ればわかりますんで。装備が全然アンバランスやもんね。真夏にピッケル持ってるとか、スニーカー履いてるとかね。やっぱり、全然アンバランスなんですね。

そういう人を遭難させないためにも、新穂高の登山指導センターでの指導やチェックが必要不可欠です。こちらもまた、たとえば「飛騨沢にも槍沢にもまだ雪がたくさんありますよ」といったような情報をきちんと発信していかないと。岐阜県内での遭難事故も増え続けているので、今後はそういう対応がもっと重要になってくると思いますよ。

スムーズな連携で迅速・安全な救助

救助隊と警備隊は両輪です。両者がバラバラなことを言っておってもダメなんで、意見を充分煮詰めて、「この方法がいちばん安全で早い」という方法を選択するわけです。同じ考えのもとで救助を行なうということには、いつも気をつけています。両者の意見が異なることはまずありません。「どうする?」って言うと、「天気悪いで。とりあえず第一陣はこうやるぞ」「よし、じゃあ第二陣は一時間後にしよう」「第三陣はこうやろう」って具合ですよね。個々の警備隊員や救助隊員の性格を把握したうえで、戦略を練っていくわけです。

何年か前に、西穂高岳の独標のちょっと手前で滑落事故があったときもそうでした。現場周辺はガスがかかっていてヘリが出動できないということで、まずは足の速い隊員を四人そろえて、「荷物はほとんど持たなくてもいいから、走って現場へ向かえ。現場に着いたら、遭難者が助かるかどうかも含めて状況を報告しろ」と。その一時間後に、最初の四人の分の食料や救助用のレスキューハーネスを持った別の四人を、第二陣としてまた現場に向かわせるわけです。

そうすると、最初の四人に後発の四人が合流して、なんとか八人でがんばって西穂山荘まで下ろしてくれれば、その間に送り込んだ第三陣の四人が交替してロープウェー駅へと向かいます。その途中でまた第四陣の四人が合流し、最終的には十六人がかりで下ろしました。このときは、警備隊ひとりに救助隊三人、あるいは警備隊二人に救助隊員二人とか、そんな感じで送り出しましたかね。

要は連携です。どえらい連携がよくて、スムーズにいきました。そういうときは負担も少ないから、だれも「大変だったなあ」とは言わないですね。「助かってよかった」、それだけです。それでみんな満足なんですね。

とにかく連携です。その連携をスムーズにするためにも訓練を行なうわけです。とくに今はスピードが要求されますから。それと安全第一でやらなきゃいかんですし。

二重遭難を起こすことなく、スピーディかつ安全に救助ができるかどうかは、救助に携わる者の連携次第だと言っても過言ではないでしょう。

組織力を活かした事故防止の取り組みを

宮田八郎——穂高岳山荘小屋番

県境上ゆえのジレンマ

僕が穂高岳山荘に入った一九八〇年代は、東邦航空をはじめとする民間ヘリでの救助が主流でした。現場へ駆けつけていくのも小屋番でしたね。警察も関わりますが、どちらかというとアシストのほうが多かったかな。常駐期間中は警察も現場に行きますが、警察官は異動でどんどん変わっていくので、スキル的には山小屋の小屋番のほうが高かったわけです。とくに厳しい現場では、東邦航空の故・篠原秋彦さんと涸沢ヒュッテの山口孝さんのゴールデンコンビの活躍が際立っていましたね。

しかしその後、事故が続いて民間のヘリが飛ばなくなったのと前後して、岐阜と長野の航空隊に強力なヘリが入りました。岐阜でいえばベル四一二型の「若鮎II号」が入ったことによって、それまでできなかったエア・レスキューが、自分たちできるようになったんです。それでどんどん警察も組織的に強くなっていったという気がしますね。

それで、僕が現場にいて強く感じているのは、警備隊は警察官の官という立場の人間で、やっぱり県境というものを強烈に意識しているということです。とくに穂高連峰は岐阜・長野の両県にまたがっていて、いちおう稜線上が県境ということになっていますから。警備隊が常駐する穂高岳山荘は、建物の真下をもろに県境が走ってるようなものです。

では、穂高岳山荘の上のハシゴ場は、どこが岐阜と長野の境目なのかというと、たぶん誰にもわからない。だから、あそこから転げ落ちた人の救助が岐阜管轄になるのか長野管轄なのかというと、すごく微妙な話ではあるんですね、本来は。

ところが現状は、状況に応じて岐阜に通報したり、長野に通報したりしています。それは、ヘリの初動はどちらが早いかとか、どちらの隊員が早く現場に来られるかとか、いろいろ事情があるわけですよ。たまたまそのときに長野のヘリが上高地のヘリポートにいるのだったら、転落者が岐阜県側のほうに落ちていても長野扱いにしてもらったほうが話は早い。逆に長野側に落ちていたとしても、穂高岳山荘に岐阜の常駐隊員がいるから岐阜扱いにしようとか。

いずれにしても、どちらかの県が扱うことになるんですが、県境の真上にいる僕らの立場からすると、「なんだかなあ」と思うこともあります。

二〇一四（平成二十六）年のゴールデンウィーク、奥穂高岳で三人パーティの遭難事故があったとき、岐阜の警備隊が出動したんですが、風と雲の関係で岐阜のヘリが飛べなかったんです。一方、ちょうど同じとき、同じ奥穂高岳の別件の事故で出動していた長野のヘリも、気流が悪くて現場に近づけなかったんですね。そのときに岐阜の無線でのやりとりを聞きつけて様子を見にきたら、「やれそうだ」ということだったのでお願いして、長野のヘリで遭難者をピックアップしてもらいました。それはほんとうに助かりました。

だから、現場では必ずしもそんなにこだわっているわけではないんだけれども、やはり組織に属してる彼らとしては、一線を軽々しく越えるわけにはいかない部分があるみたいです。現場に関わっている隊員はそれぞれ熱い思いを持っていて、双方ともかなり協力的だし、個人レベルでは交流のある隊員もたくさんいます。でも、やはり警察官ですから、県境を越えて処理したりすると、あとでえらくややこしくなってしまうんです。

行政区分というものがある以上、いかんともし難いのかもしれませんが、それは現場にいて感じるジレンマのひとつですね。

退くかやるかの判断

われわれが救助に携わるとき、最終的に「これは無理だ」と思ったら、「行かない」あるいは「できない」という判断もありえます。救助では、そうした現場の判断をいちばん尊重すべきなんですが、警備隊員は警察官という立場上、なかなかそうもいかないんですね。

個人レベルで行なう難しいクライミングや八〇〇〇メートル峰登山とかは、悪天候だからとか、コンディションがよくないとか、自分たちの判断で止められるじゃないですか。でも、救助活動というのは、必ず相手側の都合ではじまりますよね。それを、救助する側の都合で止められるかというと、なかなかすっぱりと止められるものでもありません。われわれ民間だったら、まだ引ける部分もありますが、警察官の立場で警備隊員という看板を背負っている隊員が途中で退《ひ》くのはものすごく難しい。というか、できないかもしれません。

たとえば、二〇一二（平成二十四）年の五月、涸沢岳で遭難したパーティを夜間、吹雪のなかで救助したときは、かなり一線を超えかけていました。ほんとうにギリギリのところだったと思います。

その翌年の正月、西穂高岳で遭難事故があり、涸沢岳の夜間救助を経験した警備隊員が現場へ出動していったんですが、このときは涸沢岳のとき以上に条件が悪かったそうです。五月に穂高でどれだけ吹雪いても、マイナス五度ぐらいのものですが、厳冬期の西穂高岳はマイナス二十度近くになりますからね。しかもこのときは二〇メートルの風だったというから、それはもうヤバイよという話です。

遭難者は三人パーティで、西穂の頂上付近でビバークしていたんです。この年末年始は遭難事故が相次いでいて、マスコミや世間が大騒ぎしているなか、「西穂の遭難者はまだ生きていて救助を待っているらしい」となったら、「なんで救助しないんだ」っていう話になりますよね。多少なりとも山を知っている人だったら、ロープウェーも動いているし、西穂山荘も営業しているし、「すぐに救助できるだろう」って思うでしょう。

でも、独標だったらともかく、西穂の本峰で行動不能になっている人を、あの風雪のなか、あの岩稜をたどって救助してくるってことがどういうことなのか。僕らからしてみれば、「それは行かないほうがいいんじゃないか」ってことになりますが、警備隊はそうはできなかった。隊員には現場がどういう状況なのかわかっていたはずです。「厳しいな」と思いながらも、行かざるを得なかったんでしょうね。ただ、涸沢岳の一件があったから、「今回は日中だから大丈夫だろう」という感覚があったとは言っていましたけど。いずれにしても、そこが辛いところですよね、警察官は。

このときの遭難者三人のうち、ひとりはすでに亡くなっていたんですが、二人はまだ生きていて、自力で歩けたからまだよかったんです。でも、歩けるかどうかは、現場に行ってみなければわかりませんよね。もし歩けなくなっていたら、警備隊員が四人で行っても助けようがありません。食料やツエルトを渡して「じゃあ、あとはがんばってね」って言って帰ってくるしかないわけですよ。隊員は「そうするつもりでした」って言っていたけど、それってなかなかできるもんじゃありません。できないから、僕だったらそういうときは行かない。行ったってどうしようもありませんから。行っちゃったら、そりゃあやるしかない。

結果的に、出動した隊員のうち何人かは顔や指に凍傷を負ったみたいです。

経験では推し量れない山の自然

僕が穂高岳山荘に入ったのは一九八〇年代なんですが、当時は僕が警備隊の人に山を教えてもらっていました。それがいつの間にか、僕が教える立場になってきていますよね。

でも、警備隊の二十代の隊員に比べれば、たしかに僕のほうが経験はあるんだろうけれども、たかだか二、三十年の経験なんて、山のなかではなんにもなりませんよ。逆にそれがわかってきます。

二〇一一(平成二十三)年四月、涸沢ヒュッテが小屋開けの準備をしていたときに、でかい雪崩が発生して売店が吹っ飛んじゃって、スタッフがひとりケガをしたじゃないですか。そのスタッフのお見舞いにいったときに山口さんと顔を合わせたんですが、会った瞬間、山口さんがこう言ったんです。

「ハチよ〜、俺の四十年の山の経験なんて、あの雪崩一発で吹っ飛んだよ」

それまでは、四月に涸沢で雪崩が起きても、ヒュッテまで来るようなでかい雪崩は来ない、来ても脇を通り抜けていくと言われていたんです。たしかに四十年は来なかったけど、来ても全然おかしくなかったんですね。岳沢ヒュッテだって、あの場所に五十年以上建っていたのに、一度の雪崩で根こそぎ持っていかれちゃったじゃないですか。大晦日の槍平の雪崩事故にしても、あんなところに来るとは誰も思わないですよね。

涸沢ヒュッテがやられた年の夏、僕も死にかけました。小屋の水源は、涸沢岳の雪渓を一五メートル水平に掘っていって、なかに流れている水を引いてくるんですが、半分くらい掘り進んだところで上が崩落したんです。何トンもある雪の塊がドーンと落ちてきて。たまたま脇のほうにいたから助かったけど、あと五〇センチ位置がずれていたら即死ですよ。その水源は今田重太郎が見つけたもので、もう六、七十年前から毎年その掘り出し作業をやってきたんですが、その年の雪の付き方によるんでしょうかね。

「山は経験だ」なんてよく言われますが、人間のたかだかの経験で対処できるものではないですよ。だからどんどん怖くなるし、わかってくるのは「なにが起きてもおかしくない」ということです。ほんとうに死にかけるような経験を何度か重ねれば、けっこう用心深くもなるんでしょうけど、なんでもない安易な成功体験を積み上げちゃうと、かえってヤバイかもしれません。

レスキューに関していえば、どんな現場もたいていが初見なんです。行ったことがある場所でも、状況がまったく同じということは、僕の記憶ではありません。同じロバの耳からの滑落事故でも、落ちたところは同じかもしれませんが、滑落停止場所は違っているし、現場周辺の残雪のコンディションだって違います。だから経験もなにもありません。一件一件が初めていく場所なんですから。

ただ、警備隊の谷口光洋さんなんかは、たとえばロバの耳から滑落した人を助けにいくときに、ロバの耳まで行って下降するのではなく、手前のコルから下りていけばいいということを知ってます。それは僕も知っている。そういうのを経験というのかな。

あと、谷口さんは、できるところとできないところの線引きが絶妙ですね。臆病すぎてもできないし、かといって大胆すぎてもダメだし、というところがね。それは何度も「この人すごいわ」というのを見てきましたから。あれはね、経験というより、もともと持ってる資質だと思います。もちろん経験に裏打ちされている部分もあるんでしょうけど。

事故を起こさせない対策

これまで関わってきたレスキューでは、無事に助けられたこともあれば、遺体収容になってしまったこともあります。いずれにせよ、なんらかの形で処理できてきたわけですが、ほんとうに手も足も出ないような、とんでもない出来事が起こったら怖いなあと思いますね。そのとんでもない出来事っていうのがなにかっていうのは、わかりませんけど。

北穂高小屋の創設者の小山義治さんが、「不可抗力の遭難事故というのはなくて、ほぼ九九パーセント、起こした人間側に原因がある」と本に書いていらっしゃいました。

穂高で、「まあこれは不可抗力だろう」と思える遭難は、僕が知っているのは一件だけです。群発地震があったときに、涸沢岳の鎖場に取り付いていた人が、地震による落石で吹っ飛ばされたんです。あれはちょっと防ぎようがなかったと思います。

小山さんの本に書いてあったのは、ある夏、奥穂で岩雪崩が起きて、自動車ほどの大きさの岩が涸沢のテント場の二〇〇メートルくらい上で砕け散って、そのうちの頭ほどの石がテントを直撃して人が亡くなったという事例でした。

そういうのは仕方ないにしても、転滑落にせよ道迷いにせよ、ほかの要因の事故にせよ、ひも解いていくとやっぱり起こした人間側に原因があると。その人が悪いということではなくて、原因はあくまで人のほうにあるということです。

それを考えると、事故が起きたときに遭難者を助けるのは当然なんですが、その前に事故を起こさせないのがいちばんいいですよね。だから最近は、登山道の整備に力を入れるようになってます。ただ、そのおかげで事故が起こらなくなったのか、というのはわかりません。目に見えないものですからね。でも、それはすごく大切なことだと思います。

何年か前に、小豆沢で大きな雪崩があって、ザイテングラートの取付でひとり埋まって亡くなるという事故がありました。そのときはゴールデンウィークの最終日で、その日のうちに下りなきゃいけないという登山者が、穂高岳山荘に三十人ばかりいたんです。まだ雪崩の危険があるなか、その人たちを下ろすために、警備隊の隊員と協力して、ザイテングラートに上から下までびっしりフィックスロープを張ったんですね。下からも応援に来てもらって。そうやって三十人を下ろしたんですけど、それをやらなかったらきっと誰かが死んでいました。下ろしているときにも、ばんばん雪崩が出てましたから。自分が今までやってきたレスキューのなかでも、これは誇ってもいいかなと思っています。

ただ、だったらどこもかしこも危険がないように整備しちゃえばいいのかというと、それもまた難しい問題です。たとえば今、西穂から奥穂の縦走路を歩く人がずいぶん増えているんですけど、とにかくルートが不安定なんですよ。もう困難なルートというより危険なルートなんです。あるプロガイドの人は、「もっと手を入れてくれ。危ない石を落としたり、支点を整備したりして、もっと危険要素をなくしてくれ」って言ってます。だけど実際にそれだけ手を入れるとしたら、莫大な予算と人員が必要になってきます。それに、果たしてそれだけ手を入れて整備しちゃっていいのかという話ですよね。

僕なんかはまるきり逆で、今あるほとんどの鎖を外しちゃえばいいという考え方です、とくに天狗のコルから西穂側にちょっとした垂壁があって、登りも下りもほぼ鎖にぶら下がらないと通過できないんですが、あそこの鎖を外しちゃって、上に強固な支点だけをつくるんです。つまり、ロープとハーネスを持参して、懸垂下降で下りるわけです。登りは、三級程度の岩登りができない人は無理ですよ、と。もう、まったくのバリエーションルート、「ここはロープとハーネスがないと行けないルートです」ってことにしていいんじゃないかって思います。でも、鎖を外すとなると、誰がどういう権限でやるんだって話になってきますし、なかなか難しいです。

今、常駐の警備隊員がいるときは、「西穂に行く登山者には声をかけてくれ」ってお願いしています。行くなとは言えないし、言う必要もないんだけど、「雨具とかの装備をお持ちですか」とか、「エスケープルートをご存じですか」とかね。やっぱりね、山岳警備隊という看板を背負った人間がそういうもの言いをすると、相手も身構えますから。山小屋のおじさんが言うのとはちょっと違うんでね。それで何人かが思いとどまったり、より注意するようになったりすれば、それに越したことはありません。

やはり、起こったことに対してどうこうするのではなく、起こさせないようにするのがいちばんいいことです。岐阜が先鞭をつけた登山届の義務化も、そのための一手段ではあると思います。どんどんやってみて、問題があれば修正していけばいいんですから。

事故を起こさせないために、組織としてすごい力を持っている警察がどう取り組んでいくのか、今後に期待したいところです。

右俣沢の増水事故

沖田政明──槍平小屋オーナー

単独行の若い男性登山者が、新穂高温泉から槍平小屋に登ってきたのは、二〇一三（平成二十五）年七月七日の午前七時ごろのことだった。北アルプス南部では数日前から雨とガスの悪天候が続いており、この日も朝から雨となっていたが、男性が小屋に着いたころから急に雨足が激しくなった。

まるでゲリラ豪雨のような激しい雨は、一時間ほど続いただろうか。その間、男性は小屋のなかで休みながら様子を見ていたが、天気が回復しそうにないのを見て、その先の行程を諦め、「引き返すことにします」と言って、下山していった。

雨が小降りになったのを見計らい、小屋の外で作業をしていると、今度は別の単独行の若い男性登山者が飛騨沢方面から下りてきて、会釈しながら通り過ぎていった。小屋に立ち寄って休んでいくのかなと思ったが、作業を終えて小屋のなかに入ってみると姿が見えなかったので、立ち寄らずにそのまま素通りしていったようだった。

それからしばらくした午前十時前後、先に下りていったはずの男性が慌てた様子で小屋に駆け込んできて、開口いちばんこう言った。

「目の前で人が流された」

小屋から右俣沢を下っていくと、間もなく左手から南沢が合流する地点に差しかかる。ここで登山道は南沢を横切るのだが、ふだんは水がほとんど流れておらず、苦もなく対岸に渡ることができる。ところが男性がそこまで下りてくると、二時間ほど前に登ってきたときには問題なく通過できたのに、その後の激しい雨による増水で、濁流が渦巻く川幅四メートルほどの流れになっていたそうだ。

右俣沢の枝沢となる南沢や滝谷、チビ谷などの上流部は険しい岩場となっているため、雨が地面に吸い込まれずに沢に集まり、雨の降り方によっては一気に水量が増える。大雨のときに槍平小屋から南沢の上のほうを見ると、滝ができていることさえある。このときも異様なほど激しい雨が一時間ほど降ったので、急激に水量が増えたのだろう。

それを見た男性は、「これはとても渡れそうにない」と判断し、仕方なくまた槍平小屋にもどろうとした。ちょうどそこへ下りてきたのが、飛騨沢方面から下山してきたもうひとりの単独行者だった。

彼は男性の見ている前でザックを下ろしてザイルを取り出し、手ごろな石に結びつけて対岸へ放り投げた。石がどこかに引っ掛かり、引っ張ってもロープが外れないことを確認すると、手元のもう一端を岩に結びつけ、その上に重り代わりの大きな石を乗せた。つまり徒渉用のロープを張ったわけである。

単独行者はそのロープにつかまって沢を渡りはじめたが、真ん中あたりまで行ったところで、対岸側のロープが外れてしまった。それを見ていた男性は、まだ手前側のロープがしっかり結ばれていたので、ロープにつかまりながらもどってくるかと思ったそうだが、単独行者はロープを持ちながらさらに先に進もうとした。しかし、対岸にたどり着く前にロープを離してしまい、濁流に呑まれてしまったのだった。

対岸のロープが外れたとき、なぜ無理して渡ろうとしてしまったのだろうか。水の力というのはものすごく、とうてい人の力で太刀打ちできるものではないのだが……。

報告を受けたわれわれが現場に駆けつけてみると、南沢はわれわれでさえめったに見たことがないような濁流となっていた。一方はまだ結ばれていたというロープはすでに流されてしまったようで、見当たらなかった。それからしばらく、可能な範囲で現場周辺を捜索してみたが、流された単独行者は発見できなかった。

もちろん山岳警備隊にも事故発生の一報を入れ、県警ヘリも出動して上空からの捜索を行なったが、見つからなかった。

翌朝、再び県警ヘリが現場周辺を捜索し、午前七時五十五分ごろ、流された地点から三〇〇メートルほど下流の右俣谷で遭難者を発見した。遭難者は、川の真ん中の岩に引っ掛かった状態で、うつ伏せで沈んでいたそうだ。死因は脳挫傷だったという。

あとでわかったことだが、遭難者は前の日に同じコースを登って槍ヶ岳方面へ向かっていた。だとすれば、たとえ南沢がどうにか渡れたとしても、その下にある滝谷やチビ沢が渡れなくなっているであろうことは想像できたはずだ。実際、このときは滝谷の橋も完全に流されていた。

右俣沢の枝沢は、大雨のときにはたしかに一気に増水するが、雨が上がって一、二時間もすれば水が引いてくる。この事故があった日も、午後には各沢ともすんなり渡れるぐらいまで水量が減っていた。なぜ、その数時間が待てなかったのだろう。

この事故からおよそ一年後の二〇一四（平成二十六）年八月十六日、今度は南沢の下流にある滝谷で同様の事故が起きた。私は病み上がりで小屋にいなかったため、詳細はわからないが、この日もやはり断続的に激しい雨が降っていたそうだ。そのなかを槍平小屋から新穂高へと下山していた登山者が、増水した滝谷を渡ろうとして流され、三人が命を落としてしまったのである。

徒渉時は、現場に居合わせた数パーティが協力し合い、数本のスリングを繋げたものをロープ代わりにして渡ろうとしたらしいが、徒渉途中でひとりが深みに足をとられて流され、それに引きずられるようにして両端でスリングを持っていた者も流されたという。

このケースでも水の力を見くびってしまったことが要因となっているが、どちらの事故にしても、ロープの使い方に問題があったように思われる。装備は持っていればいいというものではなく、正しく使いこなせないと逆に危機的な状況を招いてしまう。

滝谷の事故では、通報を受けてその日のうちに山岳警備隊が出動したが、途中の沢も増水していたため、現場に到達できなかった。翌朝、捜索を開始した警備隊は、滝谷出合から一、二キロ下流の右俣谷の中洲で二人を発見したが、濁流となっていたため近づけず、翌日、水が引いたときにヘリコプターで収容した。もうひとりの行方不明者も、この日のうちに発見・収容された。

新穂高から槍平への登山道は、天気がよければ、とくに危険のない歩きやすい道なのだが、ひとたび大雨が降ると、途中にある沢が徒渉不可能となり、道は寸断されてしまう。それが一本だけならまだしも、四本もある（白出沢、チビ谷、滝谷、南沢）。一本が無事渡れたからといって、ほかの三本も同じようにうまくいくとはかぎらない。槍平小屋の場合は、それがいちばんの心配の種だ。

槍平小屋では、小屋の前に「増水注意」の看板を立てているし、増水の危険があるときはスタッフが声がけもしている。小屋に立ち寄ってくれれば、「この下には沢が四つもあって、下に行くほど大きな沢になっている。こんな状況では絶対に無理だから、しばらく様子を見たほうがいい」というアドバイスもできるのだが、寄らずに通り過ぎていく人もいれば、無理して下りていこうとする人もいる。

しかも、最近は昔のように強く登山者に注意することもできない。なにか気にくわないことがあると、すぐネットに悪い噂を流されてしまう。こちらは登山者の安全のためにと思って言っていることなのに、それを理解してもらえないのは残念でならない。

前述したとおり、近年は立て続けに事故が起きたので、今、警備隊員と相談しながら対策を考えているところだ。

「バスの時間に間に合わない」「仕事の都合でどうしてもその日のうちに下山しなければならない」など、個々の事情はいろいろあると思うが、それが命より大切なものなのか、よくよく考えていただきたいと思う。

これらの事故が起こる七、八年前の話になるが、夏山パトロール中の警備隊員が飛騨沢を下りてくる途中で高山病の登山者に行き会い、付き添って下りてきたことがあった。とりあえず槍平小屋までたどり着いたものの、容体は回復せず、できるだけ早く下山させる必要があった。ところがこのときも雨で、右俣沢の枝沢は増水していて徒渉できず、悪天候のためヘリの出動も見込めなかった。

そこで警備隊が下した決断は、拓《ひら》かれたばかりの奥丸新道経由で新穂高へ下山するというものだった。槍平小屋から新穂高まで、右俣沢経由で約三時間三十分。中崎尾根に登って奥丸山から左俣林道へ下りる奥丸新道を使うと約五時間三十分。右俣沢沿いのコースより二時間ほど余計にかかるが、警備隊は無理して沢を徒渉する危険を冒さず奥丸新道をたどり、無事、病人を新穂高まで下山させたのだった。

百戦錬磨の警備隊員でさえ、増水時の右俣沢コースは避けて通るのだから、一般登山者ならなおさら無理はしないでいただきたい。

頼りになる山岳警備隊の存在

小池岳彦——双六小屋オーナー

登山道整備にやりすぎはない

例年、雪解けを待って秩父沢の橋を架けにいくのですが、二〇〇六（平成十八）年は残雪が多く、梅雨も長引きひどい雨が降って、なかなか橋を架けるのが難しい状況でした。

七月中旬ごろ、小屋のスタッフ二人と秩父沢の様子を見にいき、「あと二、三日したら橋を架けられるかな」という話をしていたときに、五〇メートルか一〇〇メートルほど下流にオレンジ色のテントのようなものが見えたんです。それで、テントか雨具が風で飛ばされて引っ掛かっているのかなと思って見にいってみたら、登山者だったんです。腰のところで石に引っ掛かっていたんですけど、後頭部と踵《かかと》が合わさるような感じで腰が折れていて……。びっくりしてすぐに県警に連絡しました。

その日は天気がよかったので、しばらくすると数人の警備隊員がヘリコプターで駆けつけてきました。谷口光洋さんが沢を渡って遺体にロープを引っ掛けて、みんなで引っ張って岸まで引き上げたんです。身体の大きな人だったので、袋に入れて収容するのもなかなか大変でした。

その人は男性だったんですが、顔を見た瞬間、はっと気がつきました。数日前にわさび平小屋に宿泊された方だったのです。五、六十歳くらいの単独行の人でした。たぶん、その人に間違いないということで、すぐに身元を確認するためにわさび平小屋に連絡を取りました。翌日の行き先予定であった双六小屋にも連絡を取りました。

もちろんそのときは秩父沢に橋は架かっていませんから、通常のルートはロープを張って通行止めにして、「橋を架けるまでは、目印を目安にして高巻きをして下さい」という看板を立てていました。ところがその男性は、高巻きをしなかったみたいです。双六小屋の当時の支配人だった森下さんが、その人と双六小屋で話をしていました。「秩父沢は石の上を飛んで渡ってきた」と話したそうです。

それを聞いた森下さんは、「お客さん、それはほんとうに危険ですから、帰りは必ず高巻きをして下りてください」と強く言ったみたいですが、帰りも高巻きをしなかったのでしょう。それで足を滑らせて流されてしまったようです。

しかも、その人が登った日も下った日も、雨がたくさん降って、すごく天気の悪い日だったんです。沢は濁流のようになっていたはずです。水も冷たいので、落ちたらすぐに心臓が止まったと思います。それで濁流に流されて、石にぶつかって、引っ掛かっていたんでしょう。

秩父沢は、橋さえ架かってしまえばどうということはありませんし、橋がなかったとしても、ちゃんと高巻きをしてくれれば、流されることはまずありません。でもその人は、看板もロープも無視して沢を渡ろうとしたんでしょう。一生忘れることのできない、非常に残念な出来事でした。

この事故のあと、それまでは一重だったロープを三重にしました。看板も増やして、「沢の水は大変冷たいので落ちると心臓麻痺を起こします。絶対に渡らないで下さい。必ず高巻きをして下さい」と書くようにしました。

何年かのちの六月、夜間に遭難事故があって警備隊と救助隊員が出動していったことがあるんです。六月なので、秩父沢は残雪があるため高巻きをするのですが、秩父沢を渡るときに、「心臓麻痺を起こします」という黄色い看板がヘッドランプに照らし出されたそうです。後日、「あれは怖かった。あれを見たらとても石伝いに徒渉する気にはならない。高巻きをするよ」と言っていました。

警備隊と救助隊が夜間出動したときのその遭難も、ちょっと情けない話です。若い男性の単独行者が小池新道を登っていったんですが、出発時間も遅かったのでしょう。小屋まで行き着けず、夕方になってシシウドヶ原の先の熊の踊り場というところにテントを張ったようです。六月だったので、まだ雪がたくさん残っており、登山道もほとんど出ていない時期でした。その男性というのが、登山をはじめてまだ半年ぐらいしか経っていない初心者で、テント山行もそのときが初めてだったようです。

それで、テントを張ったまではよかったんですが、雪の上なので寒いうえ、真っ暗になって心細くなったんでしょう。夜になって警察に電話をして、「すみません、寂しくてたまらないから救助してください」と言ったそうです。

警察も最初は相手にしていなかったんですが、何度か電話がかかってきて、それをほったらかしにしておいて、もし万が一なにかあったら困るということで、迎えにいきました。当然、無事救出で、本人もピンピンしていたそうですが、下山してきたあと、警備隊の逢坂宏裕樹さんに一、二時間説教されたみたいです。

警備隊の方から連絡があり、「現場に置いてきたテントはまだ新しいものなので、回収して下さい」とその男性からお願いされたので、鏡平山荘のスタッフが回収しにいきました。

このときに出動した隊員が、秩父沢の看板を見て「怖かった」と言っていました。また、雪渓の上に付けておいた目印は「ありがたかった」と言っていました。この時期、秩父沢やイタドリヶ原、シシウドヶ原のあたりはまだ雪がべったりなので、雪の上でどっちの方向に行けばいいかわからなくなるのです。特に真っ暗な夜中ではわからなくなると思います。目印として五〜一〇メートル間隔で木に赤と黄色のテープを巻いたものを雪の上に置いていきます。赤いテープだけじゃなく、黄色いテープも巻いておくと、よく目立つんです。それが「わかりやすくて助かった」と言っていました。でも逆に、その目印があったから、救助を求めてきた男性も登っていっちゃったのかもしれません。

「ここは危ないな」と思ったところには、しっかりロープを張ったり目印をつけたり、補修、整備をしています。「そこまでやらなくてもいいんじゃない。あとは自己責任でしょ」と言われようと、できるかぎりのことはやるようにしています。「危ないところに関しては、やり過ぎということはない」というのは、経験を積んで思うようになりました。

父も登山道の整備には力を入れてきましたし、私もがんばって登山道整備をやっています。小池新道を中心にして双六岳、弓折岳周辺、あとは黒部五郎岳や西鎌尾根のほうにも行っています。範囲がすごく広いんです。全部回ろうとすると、歩くだけでも何日もかかってしまうので、大変ですね。

たしかに自己責任といえば自己責任なんですが、登山者が危ない目に遭うようなことは極力なくしていきたいと思っています。安全で楽しい登山をしてほしいものです。

最近の登山者事情

今、若い登山者も増えています。登山をはじめた若い人は山のことを知らないだけで、だいたい素直です。話を聞いてくれないのは登山歴の長い年配の方に多いです。「お前みたいな若造がなにを言っとる」みたいな感じのときもあります。

たとえば、止めたにもかかわらず、無理して双六小屋から水晶岳を往復しようとした人がいました。水晶岳から帰る途中、三俣山荘で具合が悪くなり、診療所に運ばれて点滴を打ってもらい、翌日、なんとか双六小屋まではもどってきたのです。でもまた具合が悪くなり、ここでもまた点滴を打ってもらうことになり、結局、ヘリで搬送されていきました。その日も天気が悪かったのですが、雲の合間を縫って県警のヘリが来てくれてほんとうに安心しました。

テント利用の若い方の話もあります。小屋も消灯し、みんなが寝静まっている真夜中十一時ころに、「足が痛いので、明日槍まで行けるか心配なので、診てほしい」と、診療所に来て、ドクターを起こしたそうです。ドクターが、「診療費が一〇〇〇円かかります」と話したところ、「じゃあいいです」と言ったそうで、これにはさすがに怒っていました。

双六小屋では富山大学が夏期の間、診療所を開設してくれています。登山者には、高山病や体調不良、骨折、ケガなど、さまざまな症状の人がいます。こんなとき、診療のプロであるお医者さんや看護師さんがいてくれるとほんとうに助かります。

警備隊、救助隊、診療所と山小屋が連携することで、万が一のときにも大事に至らずにすんでいることがほとんどです。

外国人の登山者もちょっと増えた気がします。双六小屋のテント場で外国人の登山者同士が揉めたことがありました。七人ぐらいでテント泊で来ていたんですけど、仲間同士でケンカをはじめてしまったようでした。まわりのテント泊の人から「小屋のほうで注意してくれ」と苦情が出て、何度か注意しに行ったんですが、とうとう仲間同士で殴り合いになってしまったんです。

それでひとりが頭を切って流血して、診療所のドクターに縫ってもらったんですけど、翌日になって大騒ぎです。「俺はケガ人なんだからヘリを呼べ。ヘリには警察官が乗っているんだろう。その警察官にみんなを逮捕させろ」と言っていたのだと思います。その日はすごく天気が悪くて、雷も鳴っていたんです。そのケガ人は日本語はもちろん、英語もしゃべれないうえに、わがままで大変でした。身振り手振りで、天気が悪いからヘリコプターは来ることができないと説明するのですが、わかってもらえなくて困っていました。

偶然、小屋に泊まったお客さんのなかにその国の言葉を話せる人がいらっしゃったので、その方に事情を説明してお願いしたところ、かなり強い口調で話をしてくれました。すると急におとなしくなって、歩いて下山していきました。

まだ残雪がある時期に、若い単独行の男の子がアイゼンもピッケルもなしで双六小屋まで登ってきて、下りられなくなったこともありました。登りはなくてもなんとかなったのでしょう。いざ帰るときになって、「すみません、あそこに下りて行くんですか？　どうやって下りたらいいんでしょう？　装備もなんにもないんですけど」と泣きついてきました。結局、支配人がアイゼンとピッケルを貸してあげて、泊まっていたほかのお客さんが、槍ヶ岳に行く予定だったのを変更していっしょに下りてくれて事なきを得ました。

小屋の開設時期を確認していなかったり、雪がまだたくさん残っていることを知らなかったり、装備もなにも持たずにふらふらっと来ちゃう。そういう登山者が最近は増えている気がします。今年は、左俣林道のゲートのところと、わさび平小屋と小池新道の入口に、「七月中旬ごろまでは残雪があります。必要な装備を持っていない登山者は登山をご遠慮ください」という看板を立てました。

近年、インターネットの普及で、どこでも簡単に行けるような感覚になるのでしょうか。また情報が多すぎて間違った情報もあると思います。正しい情報をしっかり下調べして、安全で楽しい山登りをしてほしいと思います。

心強い警備隊のパトロール

夏山シーズン中、双六岳方面には警備隊と救助隊の隊員がパトロールにやってきます。約一カ月の間に五回前後来ます。あとは九月と十月の連休のときにもパトロールで来てくれます。ほとんどの場合、一泊していくので、夜はいっしょに食事をして情報交換をしたりします。親しくなるので、なにかあったときに連携をとりやすくなります。また会ったことがあると、電話でのやりとりも、よりスムーズになると思います。そういった点からも、パトロールでこちらに来てくれるのは、とてもありがたいことだと思います。

警備隊員がパトロールで来ているときに、事故までいかないようなアクシデントがたまに起きることがあります。夜、登山者が道に迷っているとか、足が痛くて歩けなくなった登山者がいるとか。何年か前には、クマが出たと登山者の間で騒ぎになったことがありました。翌日、その道を通って帰らなければならない登山者が

「怖い、怖い」と言うので、警備隊員と私たちも途中まで付き添って下りたんです。一斗缶と塩ビパイプをひとり一セットずつ持って、クマが出たというあたりではパイプで一斗缶を叩いて大きな音を出しながら通過しました。

私たちが「こんな天気が悪いのに行動するのは危ないから止めたほうがいい」って言っても、聞いてくれない登山者がいるときに、警備隊員がいてくれると説得力が全然違います。「まあ行ってもいいけど、あなたたちにもしなにかあったら、われわれが救助することになるんだから」と警備隊員に言われれば、ほとんどの人は言うことを聞きます。お客さんだから、私たちはある程度、遠慮して言いますが、警備隊の人たちはストレートに言ってくれるので、非常に有り難いですね。

あとがき

このたび、岐阜県警察山岳警備隊の発足五十周年を記念して、山と溪谷社のご理解により山岳警備隊員の手記を発行する機会を得ることができ、北アルプスを管轄する警察署長として、たいへん嬉しく感謝申しあげる次第である。

手記をまとめるにあたり、普段はあまり多くを語らない山岳警備隊員たちが、その誇りや使命感、いっしょに救助活動に当たってきた地元の北飛山岳救助隊員、無事な帰りを待っている家族や登山者への思いなどを綴り、大変参考になった。

昨年一年を通して私は、山岳遭難事故発生時に、山岳警備隊員や地元の救助隊員、ボランティアの方など山岳関係者が命がけで救助に当たっていることを知った。この手記からもその思いが伝わってくる。隊員を預かる署長として、「命の尊さ」を思い、山岳遭難事故が一件でも減ることを願ってやまない。

署長として赴任するまで、私は山岳警備隊員がどのような活動をしているのかあまり知らなかった。しかし赴任して四日目の三月三十日午前六時二十分、北アルプス割谷山付近で身動きが取れなくなったという救助要請が入り、当署の地域課長から救助に向かわせるとの報告があったことから、私は、無理することなく充分注意して救助に当たるように指示をした。しかし、その現場がどのような場所なのかまったくわからず、救助現場へ向かっている隊員からの無線連絡で、極寒のなかでの極めて困難な活動をしているのを知ることとなった。結局、要救助者は、翌日、雪に埋もれ凍死状態で発見された。要救助者と最後まで携帯電話で連絡をしたのが地域課長であり、そのやりとりが今も記憶に残っている。隊員も午後七時過ぎまで必死の捜索を行なったが、一日中続いた強風と雨と吹雪で二重遭難の危険性すらあった捜索だった。帰署した隊員に現場の状況を聞くと、「大変でした。前がまったく見えない状態でした」程度のことしか語らず、ヘリコプターから撮影した現場の状況を見て、その過酷さを想像するしかなかった。

この遭難事案の後、北アルプスはどのような山なのか、隊員はどのような訓練をしているのか、遭難対策はどのように行なわれているのか、航空隊とどのような合同訓練をしているのかなど、私は現場まで出向き、確認をはじめた。そうした折、笠新道から隊員が要救助者を背負って下りてくると聞き、登山口まで迎えにいった。「浮き石あり、足下注意」と大きな声で励まし合い、多くの隊員が代わる代わる要救助者を背負う。二時間かかったという。これでも早いほうだ。要救助者は救急車で病院へ搬送された。隊員たちは誇らしげに笑顔で汗を拭く。実に嬉しい。こうして隊員たちは心をひとつにしてがんばっているのだと胸が熱くなる。

また、山岳警備隊が発足五十周年を迎えたことから、その活動の足跡をたどってみたことがある。古い写真から、現在の谷口光洋飛騨方面隊長の若かりしころの顔を発見した。別の写真には、昭和五十二年五月に殉職した隊員の顔もある。いかに厳しい現場での救助活動であったのかが窺える。現在の隊員は、学生時代に山岳部に籍をおき、岐阜県警察で山岳警備をしたいと考えて入ってきた者もいるが、高山警察署へ赴任して山岳警備隊員に指名され、初めて山に登る者もいる。そうした隊員には、これまで築き上げた山岳警備隊の伝統、魂、技術を訓練で徹底的にたたき込まれる。そうした訓練を経て、初めて現場への出動が許される。現場では、隊員気持ちがひとつにならなければ事故に繋がる。普通のことが普通に、当たり前のことが当たり前にできないのが山の救助である。隊員を常に安全に活動させるため、多くの山岳関係者に支えられていることもわかった。支援者の思いや活動は、隊員の言動からも伝わってくる。今後も関係者とともに無事故で活動を続けてほしいと願わずにはいられない。

また山岳警備隊とは違った視点で、遭難事故に取り組んでいる者がいることも伝えたい。

平成二十六年の北アルプスでの山岳遭難事故は、遭難者数が過去最高となり、死者も十五名に上がった。遭難事故で亡くなった方は、警察署で死因が確認される。滑落事故の悲惨さは、その際よくわかる。山岳警備隊員が刑事課長に遭難現場の状況を説明し、どのような状態で発見されたのかを報告する。所持品を現場から回収できればいいが、危険で回収できない場合も多い。顔貌も確認できない場合もある。そのため、身元を確認するのに多くの時間を要することもある。

昨年十二月一日から「岐阜県北アルプス地区における山岳遭難の防止に関する条例」が施行となり、登山届も義務化されることになった。その登山届から、ご家族へ事故を知らせることになる。多くの方は遠方から北アルプス登山に来られているため、ご家族が警察署まで来るのに時間もかかる。そうした手続きは、刑事課員や別の隊員が行なう。刑事課員は、ご家族に遭難状況や死因について説明をするが、少しでも元通りの体にして確認していただこうと、体を拭いて汚れを取り、包帯で体や顔を整えたりもする。その後に、ご家族に確認をしていただく。

「すぐに帰って来るって言ったのに」と、その場に泣き崩れる妻。「無理をするなと言ったのに」と、悲しみをこらえて立ち尽くす父。こうして十五名のご家族に、ご遺体をお渡ししお見送りをした。山をこよなく愛し、準備をして登ったはずなのに、命を落とし無言の帰宅である。ご家族も突然の悲惨な事故に悲しみも深いに違いない。それでもご家族にはわかってもらいたいことがある。ここに至るまでに、山岳警備隊員が危険な場所でも命がけで遭難者を救助搬送していることを。刑事課員もご家族への思いを込めて真剣に丁寧に検視を行なっていることを――。

昨今の登山ブームにより、多くの方が北アルプスを訪れる。中高年の登山者、初心者も多い。遭難者を見ると四十歳以上の中高年者が多く、特に六十歳代が一番多い。遭難の原因はいろいろあるだろうが、一番の原因は、登山者の都合だけで登っていることではないだろうか。山小屋関係者が、登山者を叱ることもあるという。命を落とす危険性があるから叱るのだ。「今日は天気が崩れるから、出かけないほうがよい」とアドバイスをしても、「自分は大丈夫だ」と出かける登山者もいるという。こうして事故に遭い、命を落とすことになる。登山は自己責任だといわれるが、遭難現場へ向かう者は命がけである。最近では、北アルプスでも携帯電話が使える。自分の位置を確認するためにも活用されているようだ。救助要請も山小屋を通して行なわれることもあるが、「ヘリですぐに迎えに来てくれ」「まだ来ないのか」といった通報もあるという。北アルプスの稜線は、平地で救急車を呼ぶのとはわけが違う。山岳警備隊員はそれでも装備を整え、必死になって山を登る。遭難者が、痛みや苦しみ、寒さなどを必死にこらえて救助を待っていると思うからだ。

遭難事故を防止するために、条例の施行や登山用具店での啓蒙活動、講習会などが行なわれ、登山者のマナーアップ、技術の向上などが取り組まれている。登山届を作成するときには、ルートに対し自分の体力技術が伴っているか、日程に余裕があるか、装備は充分かなど、自分の都合だけを考えた登山になっていないか確認してもらいたい。また、山を知り尽くしている山小屋関係者や地元の救助隊員のアドバイスを真摯に聞き入れてもらいたい。山での素晴らしい感動と楽しい思い出を残して、無事帰宅してもらいたいと願うからだ。

終わりに、本書により、多くの登山愛好者に救助活動に従事する隊員たちの思いを感じていただき、山岳遭難防止に向けた活動を一層広めていただきたいと思う。また、本書の発刊に際し、お力添えをいただいた皆さまに感謝申し上げるとともに、普段は多くを語らない隊員が胸のうちを切々と伝えてくれたことに感謝する。

平成二十七年六月吉日

岐阜県高山警察署長　大坪道明

感謝のことば

三〇〇〇メートル級の北アルプスをはじめとする素晴らしい山々に囲まれた「山紫水明の地」岐阜県にあって、昭和三十九年に「山の警察官」としての使命を託され、岐阜県警察に誕生した「山岳機動隊」は、その後名称を「山岳警備隊」と変え、昨年には、設立五十周年という節目を迎えることができました。これも民間の救助隊「北飛山岳救助隊」、山小屋関係者、地元住民の方々をはじめ、この岳に生きる多くの皆さまのご支援とご協力の賜と感謝申し上げます。

山岳警備隊発足時は、当時の岐阜県神岡警察署を主力として、岐阜県飛騨地区の五つの警察署の警察官二十四名体制で産声を上げたわけでありますが、登山未経験者が多くいるなか、先輩格であります「北飛山岳救助隊」の指導をいただきながら、救助や訓練に身を挺して臨み、今日では、全国でも屈指の山岳警備隊として成長することができたと自負しています。

この間、昭和五十二年には、北穂高岳滝谷において遭難救助中の二次遭難で、警備隊員の長瀬初彦警部補（当時二十三歳）が尊い命を失うという辛い試練を乗り越えてきました。半世紀を超える山岳警備隊の活動は、幾多の困難を乗り越えてきた先人達の血と汗と涙の歴史でもあります。地形的、気候的に困難な条件の下で行なわれる救助活動は、常に死と隣り合わせの危険が伴います。そんな現場に隊員を送り出すご家族の心中も察するに余りあります。山岳警備隊の仕事に誇りと使命感を持ち、危険を顧みずに職務を遂行する隊員と彼らを陰で支えてこられた家族の皆さまに改めて感謝と敬意を表します。

平成二十六年中の岐阜県内における山岳遭難事故は、統計が残る昭和四十一年以降、発生件数、遭難者数とも過去最多となりました。また昨今の登山ブームにより、登山者は年々増加の一途をたどっており、山岳警備隊に課せられた任務の重要性はますます増加しています。われわれは、半世紀を超える山岳警備隊の歴史と伝統を汚すことがないように、諸先輩のご労苦や、関係者の皆さまの熱い思いを胸に、さらに精進し、「山の警察官」としての使命を果たしていく所存です。そしてこの岳を愛して訪れる多くの登山愛好家の期待に応えていきたいと思います。

おわりに本書が登山者への事故防止の警鐘となり、また山岳警備隊に対する理解と協力につながれば幸いです。

平成二十七年七月

鷲見勝則（山岳警備隊隊長）

文庫化への追記　その後の山岳警備隊

仲辻直正
（岐阜県警察山岳警備隊長）

このたび、平成27年に発行された、岐阜県山岳警備隊の手記が、山と溪谷社の御高配により文庫化していただけることとなり、我々の活動をより多くの方に知っていただける機会を賜りましたこと、岐阜県警察山岳警備隊を代表して、心から感謝申し上げる所存です。

この書が出版されて10年が経とうとしていますが、岐阜県山岳警備隊は変わらず、飛騨、恵那山、能郷白山の3方面隊が活動しています。県内の山岳遭難件数は、一時、減少したものの、令和に入ってから再び増加に転じ、令和4年の山岳遭難発生件数は過去最多、その多くは北アルプスで発生しており、飛騨方面隊の過酷な活動が続いております。

最近も、乗鞍岳の一峰である四ツ岳で発生した山岳遭難では、山スキーに出かけた2人が下山してこないため、雪が降りしきる中、麓から地上部隊を編成して捜索し、GPS情報が得られたことから、さらに捜索班を投入して、雪の中、かすかに聞こえる遭難者の声を聴き、急斜面の上にいる遭難者を発見、ストレッチャーで搬送救助した事案がありました。

また、奥穂高岳の通称ロバの耳で発生した山岳遭難では、天候不良のためヘリコプターでの救助ができず、ビバークできる小さなスペースまで遭難者を引き上げ、そこから山岳警備隊員と北飛山岳救助隊員が交代で4日間ビバークして遭難者を見守り、天候回復した5日目に、ようやくヘリコプターで救助した事案もありました。

今は、GPSの位置情報やスマートフォンのアプリなど、文明の利器が救助に役立っていますが、実際の救助には、個々の隊員の知識技能が必要となりますので、隊員たちは、日々たゆまぬ訓練と新たな知識の習得に励み、救助技術の向上に力を入れています。

さて、ここで私の昔語りをお許しください。

平成25年春。私は岐阜県警察山岳警備隊の小隊長から、北アルプスを管轄する岐阜県警察山岳警備隊飛騨方面隊長となることを命ぜられ、この手記にも記載のある事案に関わることとなりました。

平成26年3月。高山市街地でも雪となった夜、割谷山で遭難した男性の救助要請を受理しました。「吹雪で何も見えません。道に迷いました。寒いです。私はどうなるのでしょうか。助けてください」と受話器越しに悲痛な声を受け止めながら、「大丈夫、今までも探していたが、この雪の中ロープウェイを動かして新たに投入した隊員を向かわせた。今向かっている。あなたも山の男なら気持ちを強く持って。がんばれ、がんばれ」と、精一杯声をかけ続けたものの、電話の向こうにいた相手は、翌朝、半身雪に埋もれた状態で発見されました。署の霊安室で対面した時に、夜通しずっと抱え込んだ形容しがたいこの感情は、どうにかできなかったのか、どうしたらよかったのか、ただただ助けたかった、という思いに形を変えてずっと心に留めていくことになりました。

平成27年3月。私は山岳業務からいったん離れるのですが、その後も山岳警備隊員たちは、少なくはない現場で、同じような感情を抱え、そこから形を変えた思いを心に重ね、それぞれ自分にできることを模索し成長をし続けてくれました。

この書にも寄稿していますが陶山隊員は、技術の向上もさることながら指導力も備わり、その卓越した知識技能から警察庁より山岳部門の広域技能指導官に指定され、岐阜県だけでなく、全国の隊員に指導するなど、その能力を大いに生かしています。ほかにも川地隊員、逢坂隊員、佐々木隊員、大森隊員、廣田隊員、奥谷隊員、赤堀隊員、丸亀隊員、坪内隊員らも、それぞれの場所で山岳警備隊員として活躍し、後進の育成をしてくれています。さらに近年は女性隊員も含めて新たな隊員たちが入隊し、飛騨の地に山靴を鳴らして次々と続いてくれています。

それぞれ、退職をされた谷口光洋氏、岩津宏氏、松浦和博氏、川端佐千夫氏の使命感を、北飛山岳救助隊長を辞された袖垣吉治氏の指摘を、図らずも鬼籍に入られた穂高岳山荘小屋番宮田八郎氏に生前教えていただいた見識を、しっかりと受け継いで新たな境地に向かって進んでくれており、この上ない頼もしさを感じるところです。

身内びいきで恐縮ですが、あらためて、岐阜県警察山岳警備隊が誇る、山を愛し、山を思い、命のために献身する、隊員一人一人に、考えられる限りの賛辞を贈りたいと思います。

おわりに、本書が、北アルプスをはじめとする山々を愛する登山家の皆様に届き、我々岐阜県警察山岳警備隊の熱に触れていただくことで、より安全で素晴らしい登山に繋がりますことを心から願います。

岐阜県警察山岳警備隊関連年表

●1955（昭和30）年
1月　前穂高岳東壁においてナイロンザイル切断事故発生
●1959（昭和34）年
7月　「岐阜県北アルプス山岳遭難対策協議会」を設立。付置機関として「北飛山岳救助隊」を発足
神岡警察署に北飛山岳救助隊本部を置く。同署栃尾警察官派出所に登山者相談所を開設
第1回長野・岐阜北アルプス地区山岳遭難対策連絡協議会を開催（以後毎年開催）
10月　北穂高岳滝谷で大量遭難発生
●1961（昭和36）年
9月　北ノ俣岳登山道（神岡新道）完成
●1962（昭和37）年
1月　文部省、警察庁、気象庁など関係機関・団体によって「全国山岳遭難対策中央協議会」が結成される
●1963（昭和38）年
6月　焼岳噴火。焼岳小屋損壊。焼岳登山禁止措置
1月　薬師岳における大量遭難事故で愛知大学パーティ13名が全員死亡
●1964（昭和39）年
7月　「岐阜県警察山岳機動隊」発足
●1965（昭和40）年

5月　1日に4件の遭難事故が滝谷、白出沢で発生、4名が死亡。「魔のゴールデン・ウィーク」と呼ばれる

●1966（昭和41）年

11月　第8回長野・岐阜・富山北アルプス地区三県山岳遭難対策連絡協議会を開催。この年より富山県が参加し、北アルプス全域についての連絡会議が成立した

●1967（昭和42）年

7月　新穂高臨時警察官派出所に夏山相談所を開設

8月　「岐阜県山岳遭難防止対策協議会」設立

8月　西穂高岳で落雷遭難事故。集団登山中の松本深志高校生55名が落雷に遭い、11名が死亡、10名が重軽傷を負う

●1968（昭和43）年

7月　西穂高岳において女性2名が行方不明となったが、10日目、12日目にそれぞれ無事発見救助される。「チョコレート事件」として騒がれる

●1969（昭和44）年

7月　新穂高に「新穂高登山指導センター」竣工。同センターを拠点とし、夏山常駐を開始（以後毎年実施）

12月　新穂高登山指導センターで冬山常駐を開始。越年登山者を対象とし、1月中旬まで実施（以後毎年実施）

●1970（昭和45）年

6月　岐阜県警察山岳機動隊を「岐阜県警察山岳警備隊」とし、組織を改編・強化

7月　新穂高指導センターを整備。加入電話、登山案内板、放送設備の設置など

10月　新穂高登山指導センターの秋山常駐を開始（以後毎年実施）

●1971（昭和46）年
5月　滝谷において飛騨側初の二重遭難事故。雪崩遭難者の救助活動中のパーティが第二の雪崩に巻きこまれる
●1973（昭和48）年
4月　従来の岐阜県警察山岳警備隊を飛騨方面隊とし、新たに白山、能郷白山、恵那山方面隊を加え、4方面隊として体制の整備強化が図られる
7月　穂高常駐を開始。滝谷および穂高連峰における遭難対策として穂高岳山荘を拠点とした山岳警備隊員らの常駐を実施（以後毎年実施）
●1976（昭和51）年
5月　春山の遭難事故が多発。発生11件、死者11名
●1977（昭和52）年
4月　岐阜県警察山岳警備隊が春山の穂高常駐を開始（以後毎年実施）
5月　岐阜県警察山岳警備隊隊員・長瀬初彦が二重遭難により殉職
●1978（昭和53）年
7月　白山山岳遭難救助隊が発足
10月　岐阜県警察山岳警備隊が秋山の穂高常駐を開始（以後毎年実施）
●1982（昭和57）年
8月　中部圏統一山岳遭難事故防止運動が実施され、統一セレモニー、広報活動、夏山パトロールの強化などに協力
●1984（昭和59）年
4月　岐阜県警察航空隊が発足。配属ヘリコプターはベル式206B型、愛称は「らいちょう」
●1986（昭和61）年

8月　笠ヶ岳へセスナ機が墜落、隊員は遺体収容、検分等に従事

●1988（昭和63）年

5月　上宝村平湯に山岳資料館「飛騨北アルプス自然文化センター」オープン

●1991（平成3）年

6月　警察庁主催による第1回全国山岳遭難救助指導者夏山研修会が開催（文部省登山研修所）。山岳警備隊が参加

●1992（平成4）年

5月　山と溪谷社より『山靴を履いたお巡りさん』を出版

●1993（平成5）年

6月　日本山岳協会主催「全国遭難対策研究協議会」に講師を派遣

●1995（平成7）年

冬　外国人パーティの救助要請が増加

●1996（平成8）年

9月　神岡警察署新庁舎竣工。庁舎壁面に山岳救助訓練用の人口登攀壁を設置

●1997（平成9）年

4月　岐阜県警察航空隊に県消防防災課と共同運航のベル式412型ヘリコプター（愛称「若鮎Ⅱ」）が導入され運用開始

9月　岐阜県警察山岳警備隊員2人がスイス、フランスにて山岳救助海外研修に参加

●1998（平成10）年

12月　長野・岐阜・富山三県警察航空隊・山岳警備隊合同訓練

●2001（平成13）年

11月　富山・長野・岐阜三県警察航空隊合同訓練。（岐阜県）

神岡警察署新庁舎壁面にできた人口登攀壁

●2002（平成14）年
1月　東邦航空・篠原秋彦が鹿島槍ヶ岳で遭難者のレスキュー中に事故死
●2005（平成17）年
2月　町村合併に伴い、神岡町は新設される飛騨警察署管内に、旧上宝村は高山警察署管内となる
3月　岐阜県警察航空隊ヘリ「らいちょう」の後継機としてベル式412型ヘリコプター（愛称「らいちょうⅡ」）が運用開始
4月　飛騨警察署の運用開始。神岡警部交番に「岐阜県警察山岳警備指導センター」を設置
●2009（平成21）年
9月11日　北アルプス穂高連峰「ロバの耳」付近で、遭難者の救助活動中であった岐阜県防災ヘリコプター「若鮎Ⅱ」が墜落炎上し、防災航空隊員3人が死亡
●2010（平成22）年
12月5日　北飛山岳救助隊発足50周年記念式典が挙行される
　ステンレス製登山ボックスを設置
●2011（平成23）年
3月　岐阜県警察航空隊と県防災課との共同運航のベル式412型ヘリ（愛称「若鮎Ⅲ」）が導入され運用開始
●2013（平成25）年
12月　西穂山荘での年末年始の常駐を開始（以後毎年実施）
　北アルプス岐阜県側における遭難件数が発生52件、遭難者64名と過去最高となる
●2014（平成26）年
4月　新穂高登山指導センターが新設される
5月　長野県警察山岳遭難救助隊との合同訓練を実施

7月　岐阜県警察山岳警備隊発足50周年記念式典を挙行

9月27日　御嶽山噴火　死者57名、不明者6名、ケガ人多数。隊員も長期間出動する

12月1日　「岐阜県北アルプス地区における山岳遭難の防止に関する条例」が施行

●2015（平成27）年

1月　新穂高ロープウェーが突風により破損、長期間営業を停止する

装丁――イイタカデザイン

DTP――千秋社

校正――戸羽一郎

本文写真――内田修（17・23P）
垣外富士男（245P）
鎌田隆雄（259P）

岐阜県警レスキュー最前線

二〇二四年二月二十日　初版第一刷発行

編　者　岐阜県警察山岳警備隊
構　成　羽根田 治
発行人　川崎深雪
発行所　株式会社 山と溪谷社
郵便番号　一〇一―〇〇五一
東京都千代田区神田神保町一丁目一〇五番地
https://www.yamakei.co.jp/
■乱丁・落丁、及び内容に関するお問合せ先
山と溪谷社自動応答サービス　電話〇三―六七四四―一九〇〇
受付時間／十一時～十六時（土日、祝日を除く）
メールもご利用下さい。
【乱丁・落丁】service@yamakei.co.jp
【内容】info@yamakei.co.jp
■書店・取次様からのご注文先
山と溪谷社受注センター　電話〇四八―四五八―三四五五
ファックス〇四八―四二一―〇五一三
■書店・取次様からのご注文以外のお問合せ先
eigyo@yamakei.co.jp

印刷・製本　大日本印刷株式会社
フォーマット・デザイン　岡本一宣デザイン事務所
定価はカバーに表示してあります

Printed in Japan　ISBN 978-4-635-04993-1

ヤマケイ文庫

既刊

加藤文太郎
新編 単独行
「孤高の単独行者」が残した不朽の名著

松濤 明
新編 風雪のビヴァーク
北鎌尾根に消えた希代のアルピニストの足跡

松田宏也著・徳丸壮也構成
ミニヤコンカ奇跡の生還
苦闘19日。遭難史上、最も酷烈な生還記録

佐瀬 稔
残された山靴
志半ばで山に逝った登山家8人の最期

小林尚礼
梅里雪山 十七人の友を探して
遺体捜索を通して知った「聖なる山」の真の姿

羽根田 治
空飛ぶ山岳救助隊
ヘリコプター遭難救助を確立した篠原秋彦の奮闘

羽根田 治
ドキュメント 生還
生死の境をさまよった8件の山岳遭難に密着

本多勝一
日本人の冒険と「創造的な登山」
本多勝一の山と冒険に関する著作を集大成

既刊

羽根田治・飯田肇・金田正樹・山本正嘉
トムラウシ山遭難はなぜ起きたのか
登山史上最悪の遭難事故の真相に迫る

船木上総
凍る体 低体温症の恐怖
奇跡的生還を果たした医師が、低体温症を解明

佐瀬 稔
狼は帰らず
悲運のクライマー・森田勝の壮絶な人生を描く

長尾三郎
サハラに死す
単独横断に挑み、消息を絶った上温湯隆の名作

谷 甲州
単独行者 加藤文太郎伝 上・下
伝説の登山家の生涯に挑んだ本格山岳小説

ジョン・クラカワー著／海津正彦訳
空へ 悪夢のエヴェレスト 1996年5月10日
6人の死者を出した悲劇はなぜ起きたのか

羽根田 治
ドキュメント 気象遭難
極限状態をもたらす気象変化による遭難を分析

羽根田 治
ドキュメント 滑落遭難
大ケガや死に直結する滑落事故の実例に学ぶ

ヤマケイ文庫

既刊

松本清張・新田次郎・加藤薫・森村誠一
闇冥 山岳ミステリ・アンソロジー
馳星周が選んだ傑作山岳小説アンソロジー

北上次郎選
不屈 山岳小説傑作選
「不屈なる者」たちを描いた山岳小説傑作選

羽根田 治
人を襲うクマ 遭遇事例とその生態
クマ遭遇被害の事例を追い、その実態を明かす

長谷川恒男
岩壁よ おはよう
名クライマー長谷川恒男の若き日々の回顧録

伊藤 薫
八甲田山 消された真実
緻密な調査から浮かび上がった驚愕の新事実

今田重太郎
穂高に生きる 五十年の回想記
穂高とともに生きる山小屋誕生の物語

小山義治
穂高を愛して二十年
北穂高岳の頂に山小屋を築いた青春の記

松田宏也
足よ手よ、僕はまた登る
『ミニヤコンカ奇跡の生還』その後、再起への歩み

既刊

大石明弘
太陽のかけら アルパインクライマー・谷口けいの軌跡
女性唯一のピオレドール受賞者、谷口けいの軌跡

金 邦夫
侮るな東京の山 新編奥多摩山岳救助隊日誌
山岳救助20年、奥多摩のリアルがここにある

羽根田 治
十大事故から読み解く **山岳遭難の傷痕**
戦前から現代まで10件の重大事故を検証

神長幹雄
未完の巡礼 冒険者たちへのオマージュ
6人の日本人登山家と現地を訪ねて綴った交流

新刊

冠 松次郎
新編 山渓記 紀行集 ヤマケイ文庫クラシックス
黒部の父・冠松次郎の記録的登山22篇を一冊に

上田哲農
新編 上田哲農の山 ヤマケイ文庫クラシックス
傑作画文集に未収録作品を追加して再編集

田部重治
新編 峠と高原 ヤマケイ文庫クラシックス
昭和初期の山旅を描いた名紀行44編所収

木暮理太郎
山の憶い出 紀行篇 ヤマケイ文庫クラシックス
日本登山界の先蹤者の足跡を辿る紀行集